# Wanderwege im Tal, am Fluss, am See

Fotos: Dr. Thilo Castner
Karten: Johannes Mümmler

Thilo Castner

Ausflüge mit dem VGN, Band 6

# Wanderwege im Tal, am Fluss, am See

Verlag Maria Mümmler

Bismarckstraße 7, 91448 Emskirchen
Scans und Layout: Medien-Service Winter, 91472 Ipsheim
Druck: Münch, Neustadt/Aisch
gesetzt aus der Rotis 10/13 Punkt
ISBN 3-926477-25-3

# Wandern und gesund bleiben

Auf die Frage „Wie geht's?" kommt, sofern keine ernsthaften Beschwerden vorliegen, zumeist die prompte Antwort „Mir geht's gut." In dieser Redewendung steckt eine tiefere Bedeutung. Denn wann geht es uns gut? Wohl überwiegend dann, wenn wir noch gut gehen können. Sobald das Gehen erschwert oder gar unmöglich geworden ist, das wissen wir alle, ist ein erhebliches Maß an Lebensqualität verloren gegangen.

Beim Wandern und Laufen werden nicht nur die Muskeln gestärkt, sondern auch Herz und Kreislauf. Auf jeder Wanderung, bei jedem Spaziergang, gibt es etwas zu sehen. Wir begegnen anderen Personen, erfahren Neues und erleben hautnah die faszinierenden Schönheiten der Natur. Kulturelle Glanzpunkte regen uns zum Nachdenken an, und unsere Geschichtskenntnisse werden vertieft.

Zudem ist Wandern ein relativ billiges Vergnügen. Wir benötigen keine kostspielige Ausrüstung, allenfalls Wanderschuhe, vielleicht auch Wanderstöcke und einen Regenschutz. Man kann bei jedem Wetter und zu jeder Jahreszeit wandern, denn nach einem bekannten Spruch gibt es kein schlechtes Wetter, nur unzureichende Kleidung.

Dieses Buch will möglichst viele Menschen anregen, die Wanderstiefel zu schnüren und sich auf den Weg zu machen. Deshalb sind Wanderrouten zusammengestellt worden, die ohne große Anstrengungen zurückgelegt werden können. Wie schon dem Titel des Buches zu entnehmen ist, geht es vorwiegend an Flüssen und Seen entlang oder durch Täler. Steigungen fehlen fast völlig, so dass auch Senioren und Familien mit kleinen Kindern keine Probleme haben werden, die vorgegebenen Strecken mühelos zu schaffen. Alle Wanderziele sind mit öffentlichen Verkehrsmitteln erreichbar, damit das Auto in der Garage bleiben kann und wir auf diese Weise einen kleinen Beitrag zur Erhaltung und Verbesserung der gefährdeten Umwelt leisten.

Alle Wandervorschläge enthalten mindestens eine Wirtshausempfehlung. Wer länger unterwegs war und Kalorien verbrannt hat, kann ohne Reue genussvoll einkehren, und das gehört am Ende oder während einer Tour unbedingt dazu. Wandern so verstanden erhält nicht nur gesund, es macht unser Leben auch lebenswerter.

Im Frühjahr 2005 Dr. Thilo Castner

Inhalt

# Im Etzelbachtal

Diese Tour ist vor allem denjenigen zu empfehlen, die nach langen Wintertagen wieder hinaus in die erwachende Natur wollen, sich aber noch an keine längere Wanderung heranwagen. Die rund fünf Kilometer von Hartmannshof nach Pommelsbrunn sind insofern als Vorbereitung und Einstimmung auf etwas anstrengendere und anspruchsvollere Ausflüge zu verstehen.

Ausgangspunkt ist die Bahnstation in Hartmannshof. Wir verlassen den Bahnsteig nach links, gehen die Treppen hinunter und biegen gleich rechts in den Fußweg zwischen Etzelbach und Bahndamm ein. Das Wasser des Flüsschens ist glasklar, ideal für Forellen. Hartmannshof liegt halb verdeckt hinter Büschen und Bäumen. Der Fußweg führt in einer Linkskurve auf die Hauptstraße, auf der wir anschließend nach rechts bis zur Brücke gehen. Dort beginnt der geteerte Wander- und Radweg, der uns bis Pommelsbrunn begleiten wird.

Ein breites Tal liegt vor uns, auf beiden Seiten durch steil abfallende Berghänge begrenzt. Rechter Hand der hohe Bahndamm, links, etwa 100 Meter entfernt, der Etzelbach, dessen kurvenreichen Verlauf wir zunächst nur an Hand der Erlen und Weiden erkennen können, die das Flussbett umsäumen. Im Frühjahr blüht und grünt es hier, die Natur zeigt sich von ihrer farbenprächtigsten Seite.

Der Etzelbach bei Hartmannshof

Plötzlich ist der Etzelbach ganz nah an unserem Weg, um kurz darauf zu verschwinden und nach einer Weile wieder aufzutauchen. Der Bahndamm wird flacher, so dass für eine kurze Strecke der Straßenverkehr zu hören ist. Ansonsten rattert nur alle halbe Stunden ein Zug vorbei Richtung Nürnberg oder Amberg. Bänke am Wegesrand laden zum Verweilen ein. Der Blick gleitet über Fluss und Tal bis zu den bewaldeten Bergrücken, die stellenweise 500 Meter hoch sind.

Nach einer knappen Stunde sind die ersten Häuser von Pommelsbrunn zu sehen. Kurz darauf führt rechts ein schmaler Pfad durch den Bahndamm in den Ort. Wir kommen zum Gasthof Vogel, einem Gastronomiebetrieb, der sich der Vereinigung „Heimat auf'm Teller" angeschlossen hat und damit fast ausschließlich Fleisch und Gemüse aus der Region verwendet.

Es lohnt sich, auf der Sulzbacher Straße ein Stück weiterzugehen. Das Pfarrdorf, das ursprünglich Paumolsprunne hieß, wurde erstmals 1243 urkundlich erwähnt und ist seit 1965 staatlich anerkannter Erholungsort.

Der 43 Meter hohe Turm der über 600 Jahre alten evangelisch-lutherischen Laurentius Kirche ist schon von weitem zu sehen. Die barocke Ausstattung entstand Mitte des 18. Jahrhunderts und ist durchaus sehenswert. Gleich neben der Kirche steht ein schönes Heimatmuseum, das allerdings nur nach vorheriger Anmeldung besichtigt werden kann.

Pommelsbrunn. Im Hintergrund der Zankelstein

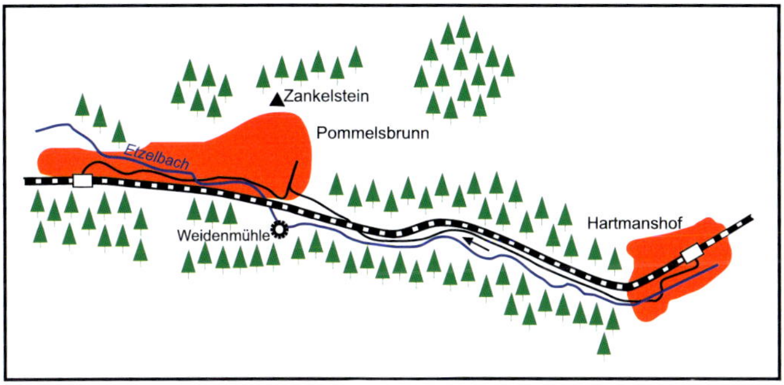


Wir gehen zum Fuß- und Radweg zurück. Bis zum Pommelsbrunner Bahnhof, der sich außerhalb des Ortes befindet, ist es noch eine halbe Stunde. Vom Weg aus kann man gut sehen, wie sich Pommelsbrunn fast bis auf halbe Kammhöhe erstreckt und malerisch an den Berghang unterhalb des 547 Meter hohen Zankelsteins anschmiegt.

Beim Erreichen der Fabrikstraße, die ins Gewerbegebiet von Pommelsbrunn führt, nach links zur Wirtschaft „Grüner Flur" abbiegen. Nach einer Rechtskurve ist der Bahnhaltepunkt Pommelsbrunn erreicht, von dem aus wir unsere Rückfahrt antreten.

**Anfahrt:**
Mit der R 4 nach Hartmannshof.
**Rückfahrt:**
Mit der R 4 vom Haltepunkt Pommelsbrunn.
**Streckenlänge:**
Etwa 5 Kilometer.
**Dauer:**
Rund 1 1/2 Stunden.
**Empfehlenswerte Einkehrmöglichkeit:**
Gasthaus Vogel, Sulzbacher Str.14, 91224 Pommelsbrunn. Tel, 0 91 54/12 07, Fax 0 91 54/91 65 95. Warme Küche 11.30 - 14.00 und 17.00 - 22.00. Montag Ruhetag. uli.vogel@au-net.de

# Kunstwerke zum Anfassen

Die Gemeinde Georgensgmünd hat in den letzten Jahren wiederholt durch großes kulturelles Engagement auf sich aufmerksam gemacht. Auf dem 1999/2000 geschaffenen „Gmündener Skulpturenweg" sind 15 herausragende Kunstwerke entstanden, denen auf der heutigen Wanderung unser besonderes Interesse gilt.

Ausgangspunkt ist der Georgensgmünder Bahnhof. Hier empfängt uns ein sonderbar anmutender Brunnen. Drei Jünglinge sitzen am Brunnenrand und schauen erwartungsvoll in die Ferne. Es sind Georg, Friedrich und Peter, drei Brüder, die sich der Sage nach in grauer Vorzeit auf der Suche nach fruchtbarem Land im Flussdreieck von Fränkischer Rezat, Steinbach und Schwäbischer Rezat niederließen. Sie gelten als Gründer von Georgensgmünd mit seinen Ortsteilen Friedrichsgmünd und Petersgmünd.

Wir gehen jetzt rechter Hand die Bahnhofsstraße hinunter und folgen dem Hinweisschild, das uns zum großen Wasserrad bringt. Es ist dies ein Ungetüm mit 44 Holzschaufeln, das sich munter in der Fränkischen Rezat dreht. Bis 1966 war es in einem öffentlichen Bronzewerk in Betrieb. Lange Zeit bildeten Hammerwerke und Mühlen die gewerbliche Grundlage Georgensgmünds.

Gleich hinter dem Wasserrad beginnt der Skulpturenweg. Wir gehen ein Stück an der Rezat entlang, und nach Unterquerung der Brücke ist schon das erste Kunstwerk zu sehen, eine „Stele mit Bronzekugel", die zum Anfassen verleitet und den Spannungsbogen Stein-Metall, rund-eckig, ruhend-labil symbolisiert. Noch vor der gewaltigen Eisenbahnbrücke drei weitere Kunstwerke, die „Kapelle", die „Rezatnymphe" und das „Zahnrelikt". Hier handelt es sich vorwiegend um Objekte moderner Kunst. Während die „Nymphe", eine Naturgottheit und sagenumwobene Tochter des Zeus, sehr natürlich dargestellt ist, wird die Mehrzahl der anderen Kunstwerke erst durch die auf kleinen Tafeln aufgeführten Erläuterungen einigermaßen verständlich. Deshalb sollte man sich Zeit lassen und die Erklärungen in Ruhe lesen. Der Skulpturenweg ist nur 2,4 Kilometer lang, und wer die interessanten und teilweise witzigen Werke der 13 deutschen und zwei afrikanischen Künstler genießen will, wird dazu gut und gern zwei Stunden benötigen.

Nach der Eisenbahnbrücke schwenkt der Weg nach links ab, die Fränkische Rezat fließt rechts weiter und vereinigt sich bald darauf mit der Schwäbischen Rezat zur Rednitz. Uns erwarten auf der Open-Air-Galerie jetzt zwei besonders eindrucksvolle Skulpturen: die „Gmünder Liebessäule", eine kauzige Darstellung von Amor und Psyche, und die „Schwarze Madonna" von Ulrich Hallmeyer aus Abenberg, ein Werk, von dem eine gewisse Ruhe und Souveränität ausgeht.

Die Wanderroute verläuft nun auf einem Fuß- und Radweg parallel zur relativ stark befahrenen Straße nach Roth, mit dem kleinen Schönheitsfehler, dass die Betrachtung der Kunstgegenstände mitunter durch Verkehrslärm beeinträchtigt werden kann. Ein Abbrechen der Tour wäre dennoch schade, denn es folgen noch sehr sehenswerte Objekte, z.B. die „Eule Spirit Owl" und die „Maske Spirit Lovers", zwei Werke afrikanischer Künstler. Ferner der „Drachenmann", eine Symbiose aus Mensch und Tier, sowie die „Sitzende Figur", ein Mensch, der sich die Ohren zuhält, um sich gegen den Verkehrslärm und alles Laute in der Welt zu schützen. Auch die „Zwei Dauerläufer", eine Konstruktion aus Eisenbahnschienen, wirkt äußerst eindrucksvoll.

Mit Werk Nr. 15 ist der Skulpturenweg zu Ende, und wir erreichen Oberheckenhofen. Wer sich stärken und dabei gern an schöne Urlaubstage in Südtirol erinnert werden möchte, wird wahrscheinlich in der „Südtiroler Dorfstube" am Ortsrand von Oberheckenhofen haltmachen. Die Wirtsleute stammen aus Südtirol und beziehen Speisen, Weine und Brände komplett aus ihrem Heimatland.

„Schwarze Madonna", Ulrich Hallmeyer, Abenberg

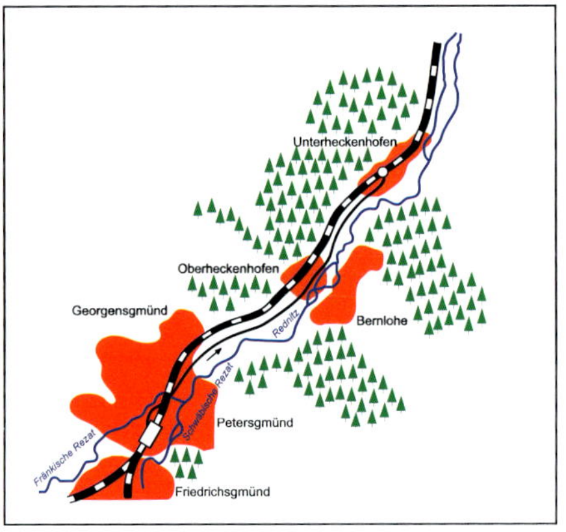


Zum Abschluss der Tour biegen wir anschließend vom Rother Fuß- und Radweg nach links ab, passieren Oberheckenhofen und haben dann noch rund zwei Kilometer bis zum Bahnhaltepunkt in Unterheckenhofen. Wir wandern jetzt auf einer geteerten und so gut wie verkehrsfreien Straße. Rechter Hand das breite Rednitztal, mit Wiesen und Feldern. Stattliche Sandsteinhäuser mit spitzen Hopfenböden verraten, dass hier einst viel Hopfen angebaut wurde, und in der Nähe von Unterheckenhofen sind auch noch zwei Hopfenfelder auszumachen.

**Anfahrt:**
Mit dem Zug (R 6) zum Bahnhof Georgensgmünd.
**Rückfahrt:**
Vom Haltepunkt Unterheckenhofen mit der R 6.
**Streckenlänge:**
Gut 5 Kilometer.
**Dauer:**
2- 2 1/2 Stunden bei gemütlicher Betrachtung aller Skulpturen
**Empfehlenswerte Einkehrmöglichkeit:**
„Südtiroler Dorfstube", Oberheckenhofen 17, 91166 Georgensgmünd. Tel. 0 91 72/66 73 18, Fax 0 91 72/66 81 53. Geöffnet Montag-Freitag 15.00-1.00, Samstag und Sonntag 11.00-1.00.

# Das Tal der Forellen und Hammermühlen

Das Hirschbachtal mit seinen bewaldeten Bergketten und bizarren Felsformationen zählt zu den attraktivsten und schönsten Regionen der Fränkischen Schweiz. Wandern erweist sich hier als reines Vergnügen.

Start am Bahnhof Hohenstadt. Wir gehen nach links und folgen der Markierung Rotkreuz und Grünstrich. Ein schmaler Asphaltweg führt schnell zu der in Schlingen anmutig dahin fließenden Pegnitz. Das breite Wiesental wird auf beiden Seiten von bis zu 500 Meter hohen Bergketten umrahmt. Schon bald tauchen die ersten Häuser von Eschenbach auf. Hier mündet der an Forellen reiche Hirschbach in die Pegnitz. In ca. 15 Minuten ist das Dorf erreicht.

Rechts in die Hauptstraße einbiegen und gleich darauf wieder rechts einschwenken, den klaren Hirschbach überqueren und anschließend mit der Markierung Gelbstrich links in den Talweg Richtung Fischbrunn weitergehen.

Zuvor ist aber sicherlich noch Zeit, sich ein wenig in dem reizvollen Ort umzuschauen, der älter ist als Nürnberg, denn bereits im Jahr 1007 ist der Ortsname historisch belegt. Zwischen Pegnitz und

Das Schloss in Eschenbach

Hirschbach, unmittelbar hinter der Bachbrücke rechts, liegt das prächtige Renaissanceschloss der Familie Ebner von Eschenbach. Die Anlage war einst von einem Wassergraben umgeben, den Pegnitz und Hirschbach füllten. Auf der anderen Seite, kaum 50 Meter entfernt, die Ortspfarrkirche aus dem 13. und 14. Jahrhundert, eine alte Wehrkirche mit interessanten Wandbildern und Wappenscheiben.

Nun aber mit dem Gelbstrich in den Talweg hinein. Ein kurzer Anstieg, etwa 20 Meter bergauf, und schon haben wir einen weiten Ausblick in das Hirschbachtal, das zunächst noch breit und ausladend unter uns liegt, allmählich jedoch immer schmaler und rauer wird. Wiesen und kleine Ansiedlungen erstrecken sich bis auf

Der Hirschbach
bei Fischbronn

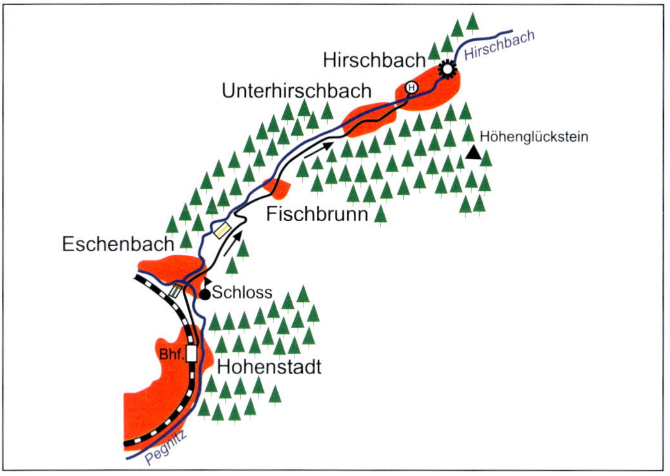


halbe Höhe der gegenüber liegenden Bergkette. Kurz vor Fischbrunn stoßen wir auf die Verbindungsstraße Eschenbach-Hirschbach. Und hier gut aufgepasst! Wir überqueren die Straße, gehen über die Brücke und laufen dann am Hirschbach entlang bis in die Ortsmitte von Fischbrunn. Erneut ist die Verbindungsstraße zu überqueren, unmittelbar danach wird linker Hand der Wanderweg mit dem Gelbstrich fortgesetzt.

Es folgt jetzt ein Anstieg, gut 100 lang, danach geht's aber bis Unterhirschbach auf federndem Waldweg ohne Höhenunterschiede weiter. Ab und zu eine Ruhebank mit Fernsicht. Die Bergketten werden höher, sind übersät mit wuchtigen Steinbrocken, und teilweise ragen wuchtige Felskuppen aus den dichten Wäldern heraus. Rechter Hand eine Abzweigung mit Rotpunkt zum Kletterparadies Norissteig. Wir bleiben dem Gelbstrich treu. Unten im Tal, gleich neben dem Hirschbach, sind etliche Forellenteiche angelegt worden - die Forelle, gebraten oder gedünstet, zählt zu den Spezialitäten der einheimischen Kochkunst. Unmittelbar nach den Teichen rechts ein außergewöhnlicher Blick auf ein Felsenmassiv, die Mittelbergwand, die schönste Aussicht der ganzen Wanderung.

Vor Unterhirschbach führt uns die Markierung bis zur Straße hinab, um uns anschließend über zwölf Stufen und einen kurzen Anstieg wieder nach oben zu bringen. Wem dies zu beschwerlich erscheint, geht ein Stück die Straße entlang bis zur ersten Abbiegung rechter Hand und kommt so ohne große Anstrengung auf den Wanderpfad zurück.

Kurz bevor Hirschbach erreicht ist, stoßen wir auf die Abzweigung zum Höhenglücksteig, wie der Norissteig ein Eldorado für Kletterer. Hirschbach gehört bereits zur Oberpfalz und liegt in einem Bergkessel - der Talgrund ist schmal, rings herum die Bergwelt der „fränkischen Dolomiten". Uns führt der Gelbstrich geradewegs zum „Goldenen Hirsch", einem Wirtshaus, das nachweislich bereits im Jahr 1507 bestand und nach einem Brand im 30-jährigen Krieg 1630 als schmuckes Fachwerkhaus wieder aufgebaut wurde.

Vor oder nach einer Einkehr empfiehlt sich ein kurzer Abstecher in den nordöstlichen Ortsteil Hammer. Im Mittelalter waren im Hirschbachtal etliche Eisenhämmer sowie Säge- und Mahlmühlen angesiedelt. Eine dieser Anlagen befand sich auch hier. Reste der einstigen Hammermühle, ein Eisen- und Kupferhammer nebst Wasserrad und zwei Mahlsteine, sind neben dem Hammerschloss zu bestaunen. Das Schloss selbst wird derzeit als Landgasthaus betrieben. Die kleine Kapelle in unmittelbarer Nähe der Hammermühle entstand als Stiftung der „Hammerherren", zu denen unter anderen eine Zeit lang auch die Ebner von Eschenbach zählten.

**Anfahrt:**
Mit der Regionalbahn (R 3) bis Bahnhof Hohenstadt.
**Rückfahrt:**
Mit dem Bus 446 (Haltestelle in Ortsmitte) von Hirschbach nach Hersbruck. Anschließend mit R 3. Bitte beachten: Der Busverkehr ist an Wochenenden erheblich eingeschränkt.
**Streckenlänge:** 6,5 Kilometer
**Dauer:**
1 1/2 bis 2 Stunden (ohne Besichtigungen und Pausen)
**Empfehlenswerte Einkehrmöglichkeit:**
Gasthof „Goldener Hirsch", Hirschbacher Dorfplatz 1+3, 92275 Hirschbach. Tel.0 91 52/98 63 00, Fax 0 91 52/98 63 01. Geöffnet 11.30-14.00, 16.00-20.00. Montag Ruhetag. www.goldenerhirsch.de, gasthof@goldenerhirsch.de

# Besuch beim Deutschen Orden

Das Flüsschen Schwäbische Rezat, von Weißenburg kommend, vereinigt sich kurz hinter Georgensgmünd mit der Fränkischen Rezat zur Rednitz. Trotz ihrer geringen Wassermenge hat die Schwäbische Rezat bis ins 19. Jahrhundert hinein viele Mühlen betrieben, wie heute noch festzustellen ist.

Die Zollmühle im Grund der Schwäbischen Rezat

Wir verlassen den Pleinfelder Bahnhof und gehen auf der Pacellistraße in den Ort, biegen dann rechts in die St.Veiterstraße und anschließend rechts in den Lauterbacher Weg ein. Wir befinden uns nun auf der Wanderstrecke vom Main zur Donau und folgen bis Ellingen der blaugefärbten Markierung MD.

Leider existiert kein separater Wanderweg. Wir müssen mit einer kaum befahrenen Straße vorlieb nehmen, denn der Autoverkehr hat sich fast völlig auf die B 2 verlagert. Insofern ist das Wandern hier durchaus angenehm.

Der einige hundert Meter breite Wiesengrund des Rezattals ist beiderseits umrahmt von bewaldeten Hügelketten. Auf dem sandigen Boden haben sich nur Kiefern behaupten können, entlang des Flussufers aber stehen Erlen und Weiden. Es ist zwar eine unspektakuläre, doch friedliche Welt, die hier den Wanderer empfängt.

Nach Überquerung der Verbindungsstraße Ettenstatt-Gunzenhausen erreichen wir die Lauterbachmühle, die bis Anfang des 20. Jahrhunderts in Betrieb war und danach einem Sägewerk Platz gemacht hat. Kurz hinter dem Mühlwerk beginnt links ein gepflegter Golfplatz, der einem Landschaftspark ähnelt. Die Schwäbische Rezat liegt jenseits des Golfplatzes, und dort ist auch die Zollmühle zu erkennen, ein schöner Fachwerkbau.

Vor uns jetzt ein kleiner Hügel, der uns eine Steigung von vielleicht 30 Metern abverlangt. Oben angekommen werden wir mit einem wunderbaren Ausblick auf das Rezattal belohnt. Auch ist von hier bereits die Silhouette von Ellingen mit dem alles überragenden Turm der Schlosskirche auszumachen.

Ein Stück neben uns nun die Trasse der Bahnlinie Nürnberg-München. Bald darauf unterqueren wir die B 2 und gehen, dem Ortsschild Ellingen folgend, auf der Hörlbacher Straße weiter, die in die Bahnhofstraße einmündet. Dann nach links abbiegen, vorbei am Hatzhof, der ehemaligen „Taverne zum Stern", und wir passieren die historische Sternwirtbrücke mit den leicht verwitterten Figuren von acht Heiligen. Anschließend stehen wir schon vor dem Eingang zum Schlosspark.

Wir gehen hindurch und kommen zu einer Anlage mit uraltem Baumbestand. Im Frühjahr, wenn die Rhododendren blühen, muss es ein fantastischer Anblick sein. Am Ende des Parks beginnt die

Die Sternwirtbrücke mit den acht Heiligenfiguren bei Ellingen

Ellinger Residenz, nach dem Urteil von Kunsthistorikern eines der eindrucksvollsten Barockschlösser in Bayern.

In der jetzigen Form besteht das Schloss seit Anfang des 18. Jahrhunderts. Bereits lange zuvor gab es hier jedoch schon eine gotische Wasserburg, gegründet durch den Deutschen Orden. Ellingen war die mächtigste und reichste der 13 Ballein (Bezirke) der Deutschritter auf dem Gebiet des Heiligen Römischen Reichs Deutscher Nation und bestimmte ein halbes Jahrtausend lang die Geschicke des Ordens in Süddeutschland. Insofern kann man ohne Übertreibung sagen, dass in Ellingen Geschichte geschrieben wurde.

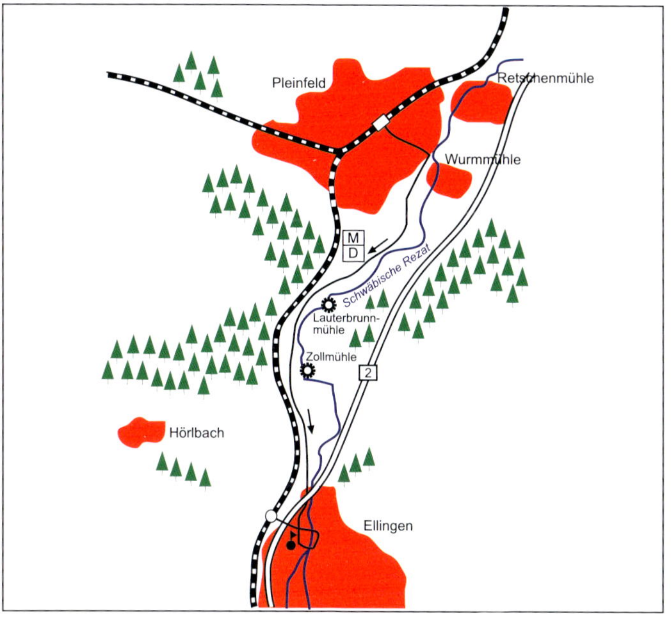


Eine Besichtigung des prächtigen Schlosses mit dem großzügigen Treppenhaus, den fürstlichen Repräsentationsräumen, dem Festsaal, dem Intarsienkabinett und der Schlosskirche lohnt sich in jedem Fall. Alle volle Stunden finden Führungen statt.

Doch Ellingen hat noch Etliches mehr zu bieten. In kaum einer anderen Stadt Bayerns kann man auf engstem Raum so viele Barock- und Rokokobauten wie hier bewundern. In der Weißenburger

Straße, gleich neben der Kirche St. Georg, wird ein Barockrundgang angeboten, der zu allen wichtigen Gebäuden des Ortes führt. So zum Rathaus, einem der schönsten Rokokohäuser in Franken, zum Balleyhaus, zum Römischen Kaiser, zur Orangerie oder zur Hauptwache. Die Inneneinrichtung der St. Georgs Kirche ist ein großes Kunstwerk.

Nach einer ausgiebigen Stadtbesichtigung wird der Wunsch nach Erholung und Entspannung in einem gemütlichen Wirtshaus kaum noch zu unterdrücken sein. Ich empfehle das „Schlossbräustüberl" gleich neben der Residenz.

Von hier aus sollte man den Rückweg über die Pleinfelder Straße antreten, um das herrliche Pleinfelder Tor nicht zu verpassen. Hinter dem Tor dann links in die Bahnhofstraße einbiegen und immer geradeaus weitergehen, dann ist der Bahnhaltepunkt Ellingen nicht zu verfehlen.

**Hinfahrt:**
Mit der R 6 nach Pleinfeld.
**Rückfahrt:**
Von Ellingen mit der R 6 Richtung Nürnberg.
**Streckenlänge:**
Knapp 7 Kilometer.
**Dauer:**
Ohne Rundgang in Ellingen 1 1/2 Stunden.
**Empfehlenswerte Einkehrmöglichkeit:**
Restaurant „Schlossbräustüberl Ellingen", Schlossstr.6, 91792 Ellingen. Tel. 0 91 41/7 03 40, Fax 0 91 41/92 31 38. Warme Küche von 11.00 - 20.00. Montag Ruhetag.
**Residenz Ellingen:**
Schlossstr.9, 91792 Ellingen. Tel. 0 91 41/97 47 90, Fax 0 91 41/97 47 97. Öffnungszeiten: April - September 9.00 - 18.00; Oktober - März 10.00 - 16.00. Montag Ruhetag. Der Schlosspark ist ganzjährig ohne Beschränkung zugänglich.

# Naturidylle am Wasser

Mit einer Wasserfläche von nur 80 Hektar, ausschließlich gespeist vom gleichnamigen Igelsbach, ist der Igelsbachsee zwar das kleinste, gleichzeitig jedoch das romantischste und naturschönste Gewässer im Fränkischen Seenland. Den Besucher erwartet hier eine wahres Bilderbuchpanorama, fügt sich doch der See idyllisch in eine äußerst attraktive Hügellandschaft ein.

Am Nordostufer des Igelsbachsees

Wir gehen von der Bushaltestelle in Enderndorf, die in unmittelbarer Nähe des Seeufers liegt, nach rechts und kommen zur Igelsbacher Freizeitanlage mit Surf- und Sandbadestrand, Kinderspielplatz, Kiosk, Tretbootvermietung und Sanitäreinrichtungen. Hier, am Südufer des Sees, beginnt der 6,5 Kilometer lange Seerundweg.

Der größte Teil der Strecke verläuft in Sichtweite des Igelsbachsees, vorbei an Wiesen und Feldern, dann durch dichte Nadelwälder, die an heißen Sommertagen eine angenehme Kühle spenden. Linker Hand jenseits des Sees sind die Häuser von Absberg erkennbar, später rechter Hand die Dächer des Weilers Stockheim. An den schönsten Plätzen sind Bänke aufgestellt, die zum Ausruhen und Genießen der herrlichen Umgebung einladen.

Nach 30 bis 40 Minuten erreichen wir die Nordspitze des Sees. Die Ufer sind ringsum mit Schilf bewachsen, im Wasser tummeln

Das Harsdorfer Schloss

sich Enten, und Schwäne ziehen majestätisch ihre Runden. Der Weg biegt jetzt nach links ab. Wir überqueren auf einer Brücke, ein kurzes Stück parallel zur Autostraße, die Westspitze und gelangen zum Südufer.

Auch hier wieder wunderschöne Ausblicke über die glitzernde Wasserfläche zur gegenüber liegenden Seeseite. Die letzte Wegstrecke vor Erreichen des Staudamms, der den Igelsbachsee vom Großen Brombachsee trennt, führt durch ein kleines Wäldchen. Der 600 Meter lange Damm ist 16 Meter hoch und speichert, bis zu einer Stauhöhe von 14 Metern, rund 4,3 Millionen Kubikmeter Wasser, das von Fall zu Fall an den Großen Brombachsee abgegeben wird.

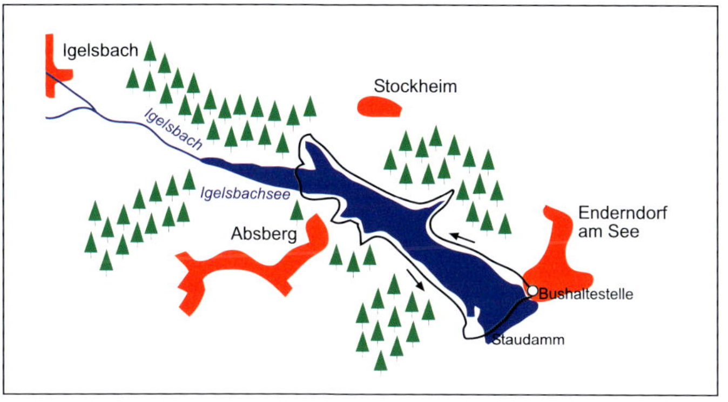


Am Ende des Staudamms sind wir wieder in Enderndorf, einem ruhigen Ort mit schönen Sandsteinhäusern. Sehr reizvoll das Harsdofer Schloss in der Ortsmitte. Wer opulent speisen möchte, findet im Cafe-Restaurant „Zum Hochreiter" eine exquisite, im Wettbewerb „Bayerische Küche" ausgezeichnete Gastwirtschaft. Rustikaler und preiswerter wird man dagegen im Gasthof „Brombachsee" bedient.

**Anfahrt:**
Mit der R 6 bis Georgensgmünd, anschließend mit der Buslinie 606 zur Endhaltestelle in Enderndorf am Seeufer.
**Rückfahrt:**
Von Enderndorf mit dem Bus 606 nach Georgensgmünd, dann mit der R 6.
**Streckenlänge:** Rund 7 Kilometer.
**Dauer:** Etwa 1 1/2 bis 2 Stunden.
**Empfehlenswerte Einkehrmöglichkeiten:**
Cafe Restaurant „Zum Hochreiter", Seeweg 1, 91174 Spalt-Enderndorf. Tel. 0 91 75/97 49, Fax 0 91 75/90 79 99. Geöffnet 11.00 - 22.00. Montag Ruhetag.
www.zumhochreiter.de, gasthaus@zumhochreiter.de
Gasthof „Brombachsee", Freiherr-von-Harsdorf-Str.30, 91174 Spalt-Enderndorf. Tel. 0 91 75/10 80, Fax 0 91 75/90 86 95. Warme Küche 11.00 - 14.00 und 17.30 - 21.00. Ruhetag ist Montag.

Die Vexierkapelle

# Eingangstor zur Fränkischen Schweiz

Ausgangspunkt ist die Bahnstation in Kirchehrenbach. Wir gehen nach links und biegen rechts in die Bahnhofstraße ein, die uns zur Hauptstraße führt. Ein kurzer Blick auf die mächtige St. Bartholomäus Kirche, deren Gründung ins 12.Jahrhundert zurückreicht, und weiter geht's die Hauptstraße entlang, vorbei am Gasthaus Sponsel, über die Ehrenbachbrücke, bis eine kleine blaue Kapelle erreicht ist. Hier biegen wir links in den breit geschotterten Rad- und Fußweg ein, der parallel zum Eisenbahndamm verläuft.

Kirchehrenbach liegt unterhalb der Ehrenbürg, die wie ein riesiger Klotz aus der Umgebung emporragt. Besiedelt war das „Walberla", so nennen die Einheimischen die Ehrenbürg liebevoll, bereits in der Jungsteinzeit. Von dem eingeschlagenen Wanderweg aus ist die „fränkische Akropolis" besonders gut zu sehen.

Das breite Wiesenttal ist voller Überraschungen. Die Wiesent hat sich hier bereits zu einem ansehnlichen Fluss entwickelt. Auf beiden Seiten des Tals bewaldete und rund 500 Meter hohe Bergketten. Wiesen und Felder sorgen ständig für Abwechslung. Auf der linken Seite, oberhalb von Reifenberg, grüßt die St. Nikolaus Kapelle, auch Vexierkapelle genannt, und zieht den Blick des Wanderers wie magisch an. Dahinter ist bei klarem Wetter auch der Turm von Burg Feuerstein zu sehen.

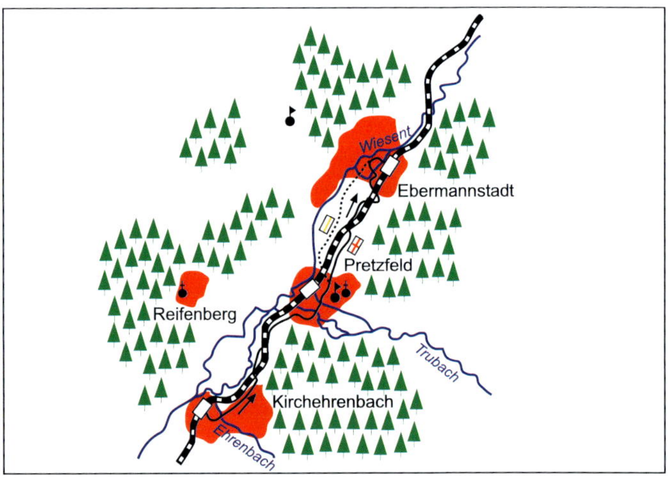

Die knapp vier Kilometer bis Pretzfeld sind in nicht mal einer Stunde geschafft. Nach den zwei Sportplätzen halten wir uns rechts und gehen dann auf der Schulstraße Richtung Zentrum. Kurz hinter dem Rathaus und damit vor der Kirche in die Walter-Schottky-Straße einbiegen, auf der wir, links ein Arm der Trubach, rechts das Pretzfelder Schloss, das Ortsende erreichen. Hier gut aufpassen, die Straße ist eng und auf 50 Metern ohne Gehsteig!

Das untere Scheunenviertel bei Ebermannstadt

Während die Straße nach links abzweigt, gehen wir weiter geradeaus und befinden uns damit auf dem Leo-Jobst-Weg, der von Forchheim kommend nach Pottenstein und Pegnitz führt und mit dem Rotkreuz gekennzeichnet ist. Die Bergrücken wirken jetzt noch wuchtiger, da das Tal etwas enger wird. Wir passieren einige Obstplantagen und können bald den Turm der St. Nikolaus Kirche in Ebermannstadt ausmachen.

In gut einer halben Stunde, von Pretzfeld aus, erreichen wir das nach dem legendären Ebermar benannte Städtchen, der hier um das Jahr 500 als erster ansässig geworden sein soll. Max von Aufseß schwärmt in seinem Buch „Meine Fränkische Schweiz" von Ebermannstadt, kein anderer Ort in der Region sei „so behaglich hingelagert, so friedlich und bescheiden". Das sollte Anlass sein, uns in dem Städtchen näher umzuschauen.

Am zweckmäßigsten ist es wohl, von der Pretzfelder Straße aus, auf der wir in den Ort kommen, nach links in die Bahnhofstraße einzuschwenken und hier bei der Touristinformation einen „Stadtrundgang-Führer" zu holen, in dem alle Sehenswürdigkeiten ausgiebig beschrieben werden. Unbedingt anschauen sollte man sich den Marktplatz mit den historischen Fachwerkhäusern, das alte Rathaus, das Wasserschöpfrad, die Marienkapelle, die zwei Scheunenviertel sowie das ehemalige Kommunbrauhaus. Wunderschön ist auch ein Spaziergang entlang der Wiesent, die sich im Norden der Stadt teilt und in zwei Armen den alten Ortskern umfließt. Ein Besuch des Heimatmuseums ist ebenfalls sehr zu empfehlen.

Selbstverständlich darf man in Ebermannstadt das Einkehren nicht vergessen. Die Stadt ist für ihre hervorragende Gastronomie und das hier gebraute gute Bier berühmt. Inwieweit solche Einschätzungen berechtigt sind, kann im Brauereigasthof „Schwanenbräu" sowie beim „Resengörg" überprüft werden.

Wer nach dem Stadtrundgang keine Müdigkeit verspürt und noch ein wenig wandern möchte, findet im unteren Scheunenviertel, einem der sehenswertesten Reihenscheunenviertel in Süddeutschland, einen interessanten Rückweg nach Pretzfeld, markiert mit dem Gelbstrich. Gehzeit etwa eine halbe bis dreiviertel Stunde.

**Anfahrt:**
Mit der R 2 nach Forchheim, von dort weiter mit der R 22 bis Kirchehrenbach.
**Rückfahrt:**
Von Ebermannstadt (oder Pretzfeld) mit der R 22 nach Forchheim, anschließend weiter mit der R 2.
**Streckenlänge:** Rund 7 Kilometer.
**Dauer:** Etwa 1 1/2 - 2 Stunden.
**Empfehlenswerte Einkehrmöglichkeiten:**
Brauereigasthof „Schwanenbräu", Am Marktplatz 2, 91320 Ebermannstadt. Täglich geöffnet 7.00 - 24.00, sonntags nur bis 17.00. Tel.0 91 94/2 09 oder 0 91 94/76 71 90, Fax 0 91 94/58 36. www.schwanenbraeu.de
Hotel-Gasthof „Resengörg", Hauptstr.36, 91320 Ebermannstadt. Täglich durchgehend geöffnet, montags erst ab 17.00. Tel. 0 91 94/7 39 30, Fax 9 91 94/73 93 73. www.resengoerg.de, info@resengoerg.de

# Ins obere Pegnitztal

Auf einer Länge von 116 Kilometern schlängelt sich die Pegnitz in zahllosen Windungen vom Fuße des Schlossbergs in der Stadt Pegnitz bis zur Mündung in die Rednitz bei Fürth. Ihr Oberlauf, insbesondere die Strecke zwischen Neuhaus und Hohenstadt, zählt zu den schönsten und ökologisch weitgehend noch intakten Flusslandschaften in Deutschland. In früheren Zeiten war die Pegnitz eines der fischreichsten Gewässer Europas. Ende des letzten Jahrhunderts wurden aber immer noch 28 Fischarten nachgewiesen. In dieses Angler- und Naturfreunde-Paradies führt die heutige Wanderung.

Die Pegnitz – ein Eldorado für Kajakfahrer

Auf dem Bahnhof in Vorra angekommen gehen wir nach links und orientieren uns an der Markierung Gelbpunkt. Linker Hand begleitet uns der Bahndamm, etwas unterhalb des Weges rechter Hand die Pegnitz. Wir passieren eine Tennisanlage und haben rasch einen herrlichen Ausblick auf das enge Flusstal mit Wiesen und Feldern. Die Anhöhen ringsum sind bewaldet und bieten mit den herausragenden wuchtigen Kalkfelsen ein imposantes Landschaftsbild.

Nach 30 Minuten ist Artelshofen erreicht, ein Ort mit einer über 1000-jährigen Geschichte. Am Ortseingang links ein mächtiges Schloss mit Park, hoher Mauer, Wirtschaftsgebäuden und Rund-

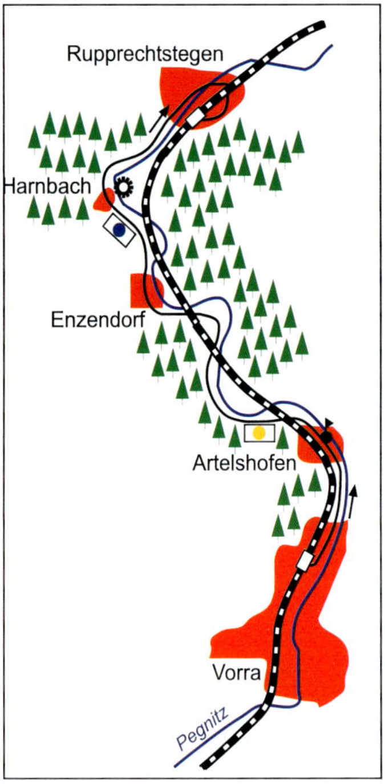


türmen. Wir folgen nicht dem Gelbpunkt, sondern gehen ohne Markierung neben der Pegnitz geradeaus weiter.

Der Fluss ist auf beiden Seiten durch Erlen, Weiden und Sträucher gut abgesichert, „lebendverbaut", wie die Fachleute sagen, damit bei starken Regenfällen ein Unterspülen der Ufer verhindert wird. Quellwasser, das in kleinen Bächen aus den kalkhaltigen Bergrükken in die Pegnitz fließt, sorgt dafür, dass der Fluss auch in heißen Sommern kühl und sauerstoffreich bleibt. Die Pegnitz ist hier zum Eldorado für Kajakfahrer und Wasserfreunde geworden.

Wir befinden uns jetzt, flussaufwärts gesehen, links der Pegnitz. Das langgezogene Straßendorf Artelshofen liegt auf der anderen Uferseite. Am Ortsende unterqueren wir die Bahnbrücke und durchschreiten ein kleines Waldstück. Das Tal wird breiter. Hier und da kleine Schrebergärten, Gemüsebeete und Getreidefelder. Bald passieren wir noch zwei Mal eine Bahnbrücke. Denn das Tal wird wieder schmaler, zu eng für Fluss, Straße und die Bahnspur. Darum war es zur Verwirklichung der Zugtrasse Richtung Bayreuth notwendig, mehrere Tunnel durch die Bergrücken zu treiben.

Die Wegstrecke bis Enzendorf ist einfach herrlich. Alle Schattierungen von Hell- bis Dunkelgrün sind hier zu auszumachen. Vor uns liegt eine friedliche und harmonische Landschaft. Nur hin und wieder wird die Ruhe durch das Geräusch eines vorbeifahrenden Zuges beeinträchtigt.

In Enzendorf orientieren wir uns an der Wandertafel beim Gasthaus „Zum Vogelherd" und gehen mit der Markierung Blaupunkt weiter. Noch 2 1/2 Kilometer bis Rupprechtstegen. Nach nur gut zehn Minuten ist die Harnbach Mühle erreicht. Das Bächlein, von dem einst das Mühlrad angetrieben wurde, sprudelt noch. Die Mühle selbst hat ausgedient, ihr hoher Fachwerkgiebel macht sie nach wie vor zu einem markanten Gebäude.

Kurz vor Rupprechtstegen links ein modernes Senioren- und Pflegeheim. Wir gehen dann auf der Hauptstraße in die Ortsmitte und kommen zum Café-Restaurant Kraft. Dort kann man feststellen, ob die Pegnitz-Forellen, blau, gebraten oder geräuchert, so gut schmecken wie ihrem Ruf vorauseilt. Auch Kuchen und Torten vom Feinsten gibt es hier. Der Gasthof, mit einer großen Terrasse direkt an der Pegnitz gelegen, war zuvor, von 1812 bis 1951, eine Huf- und Nagelschmiede, wie einige Exponate am Eingang verraten.

Nach der Einkehr die Dorfstraße weitergehen, bis linker Hand das wildromantische Ankatal abzweigt. Gegenüber, auf der rechten Seite, den Fußpfad zur Holzbrücke nehmen und anschließend nach rechts auf dem Wanderweg (Grünstrich-Markierung!) an der Pegnitz in Fließrichtung entlang zur Verbindungsstraße von Rupprechtstegen nach Enzendorf laufen. Dort links halten und dem Hinweisschild zum Bahnhof folgen.

**Anfahrt:**
Mit der R 3 zum Bahnhof Vorra.
**Rückfahrt:**
Mit der R 3 vom Bahnhof Rupprechtstegen Richtung Nürnberg.
**Streckenlänge:**
Rund 7 Kilometer.
**Dauer:**
Etwa 2 Stunden.
**Empfehlenswerte Einkehrmöglichkeit:**
Café-Restaurant Kraft, Pegnitztalstr.9, 91235 Rupprechtstegen. Tel. 0 91 52/2 40, Fax 0 91 52/92 63 50. Durchgehend geöffnet 10.00 - 20.00. Montag Ruhetag.

# Flugsaurier und Kalkplatten

Der Naturpark Altmühltal reicht von Gunzenhausen bis Kehlheim und von Thalmässing bis Neuburg an der Donau und ist mit seinen schroffen Felspartien, den romantischen Tälern, mittelalterlichen Kirchen und Ortschaften wohl eine der schönsten Kulturlandschaften Bayerns. Hier gibt es zahllose Wanderwege mit einer Länge von insgesamt 3000 Kilometern. Auf einer dieser Routen sind wir heute unterwegs.

Ausgangspunkt ist der Bahnhof in Pappenheim. Wir verlassen den Bahnsteig nach links, gehen durch die Bahnunterführung und schwenken gleich danach rechter Hand in den Fuß- und Radweg ein. Besucher, die Pappenheim noch nicht kennen, sollten sich überlegen, ob sie nicht zuvor dieses geschichtsträchtige Städtchen mit den zwei Schlössern, einer riesigen Burgruine und etlichen schönen Bürgerhäusern besichtigen wollen. Zeit dürfte keine Rolle spielen, denn bis Solnhofen sind es ja nur rund fünf Kilometer.

Die Altmühl bei Solnhofen

Unser Fuß- und Radweg verläuft stets entlang der Altmühl, die gemächlich dahinfließt, da kaum Gefälle vorhanden ist. Im Frühsommer blüht und grünt es ringsum, mit Heckenrosen, Storchenschnabel, Klee und Kornblumen am Wegrand, mit Teichrosen auf der Altmühl. Am Wochenende und in den Sommerferien sind hier viele Radler anzutreffen, deshalb ist stets Vorsicht geboten. Bei-

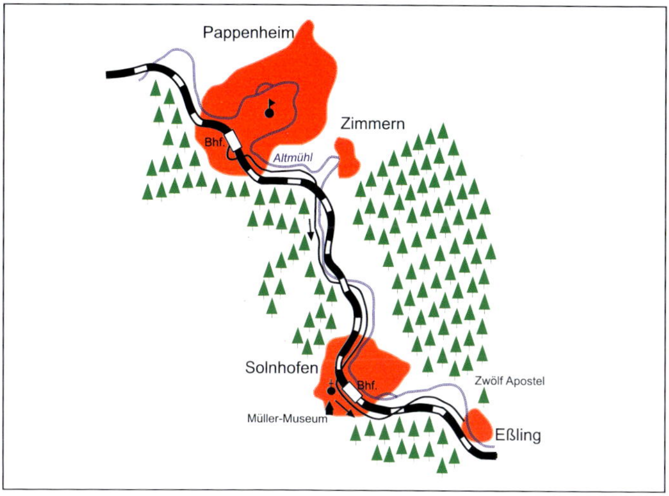


derseits des Tals Höhenrücken, die überwiegend aus Dolomitgestein bestehen.

Nach knapp 30 Minuten teilt sich der Weg, wir nehmen die rechte Spur mit dem Hinweisschild „Alte Schule". Auf dem gegenüberliegenden Ufer der Altmühl liegt der kleine Weiler Zimmern. Wir kommen zu einer Bahnunterführung - das bis dahin schmale Tal der Altmühl wird breiter. Hin und wieder Ruhebänke mit Blick auf saftige Auwiesen und bewaldete Hügelketten.

Nach einer erneuten Bahnunterführung halten wir uns links. Es folgt ein kleines Wäldchen, kurz darauf tauchen die ersten Häuser von Solnhofen auf. Wenn die Ferdinand-Arnauer-Straße erreicht ist, bietet sich die Einkehr in den Biergarten des Gasthauses „Alte Schule" an. Das ehemalige Schulhaus wurde vor einigen Jahren renoviert und zu einem attraktiven Wirtshaus umgebaut. Im Zentrum Solnhofens gibt es natürlich noch viele andere empfehlenswerte Einkehrmöglichkeiten.

Schon von weitem ist der Turm der St.Veit Kirche zu sehen. Hier sollte man unbedingt Halt machen und die neben der Kirche befindlichen Ruinen der vor rund 1100 Jahren errichteten Sola-Basilika anschauen. Es ist dies eines der ältesten Baudenkmäler Deutschlands aus der Karolingerzeit. Der angelsächsische Mönch und Missionar Sola, ein Bonifatius-Schüler, hatte hier im Jahr 650 sein

Die Zwölf Apostel

Bethaus, und an gleicher Stelle wurde nach seinem Tod ein Kloster und die Basilika erbaut. Solnhofen hieß ursprünglich Sola-Husen, später dann Sola-Hofen.

Weltweit bekannt wurde Solnhofen durch seine einzigartigen Kalkplatten und die bis 150 Millionen Jahre alten Versteinerungen. Der Solnhofer Naturstein, den bereits die Römer zu nutzen wussten und der als Bodenbelag der Hagia Sophia in Konstantinopel Verwendung fand, ist praktisch ein Unikat und kommt nur im Raum Solnhofen-Eichstätt vor. Seit der Erfindung des Flach- und Steindrucks durch Alois Senefelder Ende des 18. Jahrhunderts werden die Solnhofer Kalkplatten als lithographische Steine genutzt, eine revolutionäre Verbesserung der Gutenbergischen Drucktechnik. In der Ortsmitte, unmittelbar neben der Sola-Basilika, haben Solnhofer Bürger Senefelder ein würdiges Denkmal gesetzt.

Die Geschichte des Steindrucks ist im Bürgermeister-Müller-Museum in der Bahnhofstraße sorgfältig dokumentiert. Ein Besuch dort lohnt sich, denn hier kann man auch die Vorfahren der heutigen Tierwelt, Ammoniten, Flugsaurier und Echsen, als Versteinerungen bewundern. Glanzstück der Sammlung ist das Original des Archaeopterix, eines tauben- bis hühnergroßen Vogels, biologisch das Bindeglied zwischen Reptil und Vogel. Vom Vogel hat der Archaeopterix Federn und Flügel, vom Reptil Zähne und die lange Wirbelsäule. Weltweit wurden lediglich neun Versteinerungen des

Urvogels gefunden, zwei davon in den Solnhofer Kreideschichten.

Nach Museumsbesuch, Basilika-Besichtigung und Wirtshauseinkehr kommt für Unentwegte vielleicht noch ein Abstecher zu den Zwölf Aposteln in Betracht. Die Bahnhofstraße geradeaus weitergehen, vorbei an der Hefele Mühle, und nach 10 -15 Minuten ist die wahrscheinlich eindrucksvollste Kalkstein-Formation im Altmühltal auf der anderen Flussseite gut zu sehen. Deshalb ein ruhiges Plätzchen suchen und die Schönheit dieses Naturdenkmals genießen.

**Anfahrt:**
Mit der R 6 oder R 8 bis Treuchtlingen, weiter mit der R 63.

**Rückfahrt:**
Von Solnhofen mit der R 63 bis Treuchtlingen, dann weiter mit der R 6 (manche Züge fahren auch von Solnhofen Richtung Nürnberg durch) oder von Treuchtlingen mit der R 8 Richtung Ansbach.

**Streckenlänge:**
Rund 5 Kilometer. Bis zu den Zwölf Aposteln hin und zurück zusammen weitere 2 Kilometer.

**Dauer:**
1 1/4 - 1 1/2 Stunden.

**Empfehlenswerte Einkehrmöglichkeit:**
Gasthaus „Alte Schule", Ferdinand-Arauner-Str.28, 91807 Solnhofen. Tel. 0 91 45/64 22, Fax 0 91 45/10 41. Öffnungszeiten: April-Oktober durchgehend warme Küche von 11.00-21.00, an Wochenenden ab 10.00. Kein Ruhetag. November-März 16.00-21.00, an Wochenenden ab 10.00. Mittwoch Ruhetag.

**Bürgermeister-Müller-Museum:**
Bahnhofstr.8, 91807 Solnhofen. Tel. 0 91 45/83 20 20, Fax 0 91 45/83 20 50. Geöffnet: 1. April - 31. Oktober täglich von 9.00 bis 17.00. 1. November - 31. März nur sonntags von 13.00 - 16.00. info@solnhofen.de

# Liebliches Leinleitertal

Für begeisterte Wanderer ist das Leinleitertal schon immer ein beliebtes Ausflugsziel. Denn hier gilt, was der Autor Hans Max von Aufseß als typisch für die Fränkische Schweiz bezeichnet hat: Sie sei zurückhaltend mit ihren verborgenen Reizen und gleichzeitig unerschöpflich in ihren Schätzen.

Wir verlassen die Bushaltestelle in Heiligenstadt und gehen von der Forchheimer Straße zur Hauptstraße und biegen gleich danach links ab zum Marktplatz. Hier beginnt die heutige Wanderung.

Das Leinleitertal zwischen Veilbronn und Unterleinleiter

Zuvor sollte man sich jedoch ein wenig auf dem Marktplatz mit seinen schönen alten Fachwerkhäusern umschauen, dem Rathaus, dem Heiligenstadter Hof und dem Oertelshof. Auch lohnt es sich, die wichtigste Sehenswürdigkeit des Städtchens zu besichtigen, die Pfarrkirche St. Veit und St. Michael. Das Gotteshaus wurde in den Wirren des 30-jährigen Kriegs in Schutt und Asche gelegt, in den Folgejahren jedoch wieder prächtig aufgebaut. Auf den zwei Holzemporen die Szenen aus dem Alten und Neuen Testament sowie an der Decke die 100 bemalten Felder zur Geschichte des Christentums sind sehr beeindruckend.

Wer den Weg Richtung Zoggendorf und Burggrub ein kurzes Stück weitergeht, wird in der Ferne Schloss Greifenstein sehen, eine der schönsten Wehranlagen der Fränkischen Schweiz. Hier lebte auch der Widerstandskämpfer Claus Graf Schenk von Stauffenberg, der am 20. Juli das Attentat auf Hitler wagte.

Dann aber über die Zolleisenbrücke zurück zum Marktplatz und der Markierung Gelbstrich folgen. Wir befinden uns jetzt rechts der Leinleiter. Ein unscheinbares Bächlein auf den ersten Blick, doch der Schein trügt. Bei starken Regenfällen oder zur Zeit der Schneeschmelze kann die Leinleiter mitunter schnell zu einem reißenden Fluss werden, da das Wasser über die zerklüfteten, kalkhaltigen Berghänge im Nu das Tal erreicht. Deshalb wurde das Bett der Leinleiter in den letzten Jahren erweitert und so der Ort Unterleinleiter durch hohe Ufermauern vor Überschwemmung geschützt.

Der Fuß- und Radweg bis ins Tal der Wiesent verläuft auf einer ehemaligen Bahntrasse. Bis 1965 fuhr hier noch die Lokalbahn Ebermannstadt-Heiligenstadt. Kurz hinter Heiligenstadt zweigt rechts mit dem Gelbstrich der Talweg nach Veilbronn ab. Man kann aber auch den Fuß- und Radweg weitergehen, was sinnvoll sein dürfte, wenn jeder Anstieg vermieden werden soll.

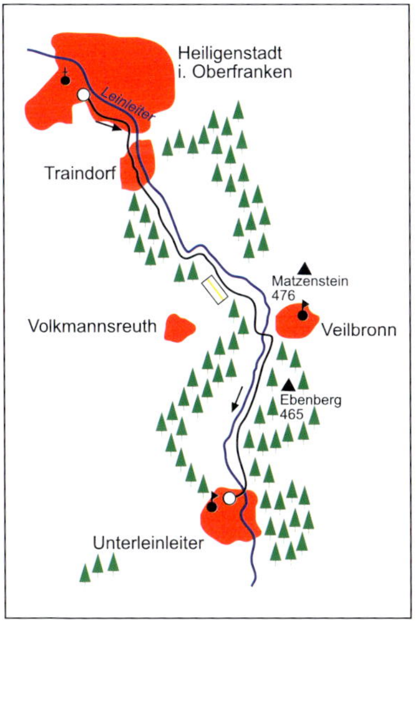


Der Talweg entpuppt sich als äußerst schmaler Wiesenpfad, im Sommer umsäumt von unzähligen blau blühenden Storchenschnabeln. Die Leinleiter schlängelt sich anmutig durch Wiesen und Auen, die durch Gebüsch und Baumgruppen aufgelockert sind. Im Fluss tummeln sich Wildenten und Wasser-

Das Renaissanceschloss in Unterleinleiter

amseln, durch die Lüfte schwebt ein Reiher. Das Tal wird begrenzt von bis zu 500 Meter hohen bewaldeten Bergen. Schöner kann eine Flusslandschaft nicht sein!

Nach 1 1/2 Kilometern kommen wir durch Traindorf, anschließend ist eine kleine Steigung zu bewältigen. Nun liegt das Leinleitertal unter uns und wirkt noch lieblicher und romantischer. Wo die Straße nach Volkmannsreuth den Weg kreuzt, nicht mehr dem Gelbstrich folgen, sondern links halten, die Leinleiter überqueren und auf dem Fuß- und Radweg weitergehen. Wir befinden uns in einem Wasserschutzgebiet. Bald ist Veilbronn erreicht, eine uralte Siedlung, 1154 erstmals urkundlich erwähnt. Über dem Ort der 476 Meter hohe Matzenstein, im Mittelalter von einer Burg gekrönt.

Wie wäre es jetzt mit einer Rast im „Landhaus Sponsel-Regus"? Immerhin haben wir mit Veilbronn schon gut die Hälfte der Tour geschafft, und ein besseres Gasthaus gibt es auch in Unterleinleiter nicht.

Weiter dann auf der linken Uferseite. Das Tal ist breiter geworden mit mächtigen Felswänden jenseits der Leinleiter. Immer neue Landschaftsbilder ziehen vorbei, es ist ständig etwas Interessantes zu sehen. Wir kommen an zwei Kinderspielplätzen vorbei, und dann ist auch schon Unterleinleiter in Sicht.

Wer sich noch nicht gestärkt hat, kann im griechischen Restaurant „Athen" einkehren, allerdings wird hier an Werktagen erst um 17 Uhr geöffnet. Den Ortskern von Unterleinleiter beherrschen zwei Kirchen, deren Besuch sich lohnt. Nicht zugänglich ist leider das neben der evangelischen Kirche gelegene Renaisssanceschloss, das ab 1756 fast 200 Jahre im Besitz der Herren von Seckendorf war. Auch der Schlosspark ist verschlossen. Kleiner Trost: Schloss und Kirche bieten ein tolles Fotomotiv!

**Anfahrt:**
Mit der R 2 bis Forchheim, dort weiter mit der R 22 bis Ebermannstadt, anschließend mit der Buslinie 221 nach Heiligenstadt.
**Rückfahrt:**
Von Unterleinleiter mit dem Bus 221 nach Ebermannstadt, dann weiter mit der R 22 und R 2.
**Streckenlänge:**
Rund 7 Kilometer.
**Dauer:**
Circa 1 1/2 - 2 Stunden.
**Empfehlenswerte Einkehrmöglichkeiten:**
„Landhaus Sponsel-Regus", Veilbronn 9, 91332 Heiligenstadt. Tel. 0 91 98/2 22, Fax 0 91 98/14 83. Warme Küche 11.30 - 14.00 und 17.00 - 20.00. www.sponsel-regus.de, sponsel-regus@t-online.de
Restaurant „Athen", Bahnhofstr.1, 91364 Unterleinleiter. Tel. 0 91 94/72 46 93. Geöffnet 17.00 - 23.00, sonntags auch 11.00 - 14.30. Montag Ruhetag.

Das Tor zum Vorhof der Cadolzburg

# Zur „Burg des Kadold"

Start an der Bushaltestelle Oberfürberg, einem Fürther Vorort. Wir orientieren uns ab sofort an der Markierung Blaustrich, die uns sicher nach Cadolzburg bringen wird.

Anfangs geht es auf der Rennwegstraße geradeaus. Links ein Kinderspielplatz und ein breiter Wiesengrund mit Pferdekoppeln, rechts prächtige Villen, vor neugierigen Blicken durch hohe Hecken und Mauern geschützt. Und schon sind wir mitten im Fürther Stadtwald, der später in den Zirndorfer Forst übergeht.

Wir kommen zügig voran, denn der Weg ist breit und eben. Ringsum eine himmlische Ruhe. Die Bäume stehen dicht an dicht, auch im Hochsommer ist es hier angenehm kühl, ideal zum Joggen und für ausgedehnte Spaziergänge. Es dominieren Kiefer und Fichte, nur vereinzelt Laubbäume, auf dem Waldboden Unmengen von Heidelbeersträuchern.

Nach einigen hundert Metern eine leichte Bodenwelle, ansonsten keinerlei Steigungen. Der Weg teilt sich, wir nehmen die linke Spur, einen schmalen Waldpfad mit knorrigem Wurzelwerk. Wenn bald danach die ersten Häuser von Egersdorf auftauchen, nach links abbiegen. Wir kommen zum Natur-Erlebnis-Schulhof, angelegt von den Egersdorfer Grundschülern. Die Anlage verdeutlicht, wozu Kinder bereits im Alter von sechs bis zehn imstande sind.

Kurz nach dem Bahnhaltepunkt Egersdorf rechts in die Pfannenstielstraße einschwenken. Dann gut aufpassen, denn gleich danach geht es auf engem Fußpfad links ab, vorbei an einer Garten-

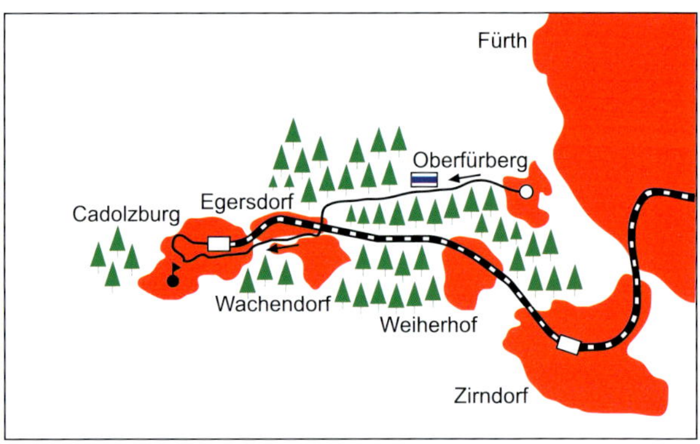

kolonie, einigen luxuriösen Villen und vielen Karpfenteichen. Auch schöne alte Bauernhöfe sind zu sehen.

Bei Erreichen der Straßenkreuzung nach rechts gehen, gleich darauf, noch vor dem Gasthof „Grüner Baum", links halten. Bis Cadolzburg durchschreiten wir jetzt eine äußerst malerische Landschaft mit leicht geschwungenen Hügeln, abschüssigen Wiesen und gut bestellten Feldern - eine bäuerliche Idylle.

Sobald wir in Cadolzburg angekommen sind, die Wachendorfer Straße rechts mit dem Blaustrich bis zum Rathaus gehen. Wer es eilig hat, biegt in die Bahnhofstraße ein und ist in ein paar Minuten an der Bahnstation.

Karpfenweiher am Wegesrand

Ein Rundgang in Cadolzburg ist überaus lohnend. Wir gehen links am Rathaus vorbei in die Hindenburgstraße und anschließend rechter Hand durch das Tor in den alten Ortskern. Dann über den Marktplatz mit vielen herrlichen Fachwerkhäusern zum Höhepunkt des Ausflugs: der Cadolzburg.

Es ist dies eine der großartigen Burganlagen Deutschlands, urkundlich bereits 1157 als „Burg des Kadold" belegt. Mitte des 13. Jahrhunderts kam sie in den Besitz der zollerischen Burggrafen von Nürnberg. Hier verkehrten im Laufe der Jahrhunderte Könige und Kaiser, Fürsten und Bischöfe, hier fanden einst prunkvolle Hochzeiten und glänzende Turniere statt. Die schweren Schäden durch Bombenangriffe Ende des zweiten Weltkriegs sind inzwischen weitgehend behoben, so dass man gegenwärtig die Cadolzburg zumindest von außen in ihrer majestätischen Größe wahrnehmen und bewundern kann.

Vom Burgvorhof zurück, beim Fotografen rechts zum Heimatmuseum am Pisendelplatz, dort die Treppen hinunter. Auf der Burgstraße kommen wir an der Markgrafen-Kirche vorbei und haben jetzt einen noch nachhaltigeren Eindruck von der kolossalen Größe der Burg.

Bis zur Talstraße weitergehen, von dort links am Weiher vorbei zur Gaststätte „Bauhof", um sich hier, nach so viel Kultur und Naturschönheit, gastronomisch bestens bedienen zu lassen.

Der Rückweg zum Bahnhof ist leicht zu finden. Links am Weiher vorbei, dann links abbiegen und gleich wieder rechts halten, anschließend die Bauhofstraße immer geradeaus. Nach 10 bis 15 Minuten, rechts hinter dem kleinen Wäldchen, liegt die Bahnstation.

**Anfahrt:**
Vom Fürther Hauptbahnhof mit der Buslinie 174 nach Oberfürberg.
**Rückfahrt:**
Von Cadolzburg mit der R 11 nach Fürth.
**Streckenlänge:**
Mit dem Stadtrundgang in Cadolzburg 8 Kilometer.
**Dauer:**
Etwa 3 Stunden.
**Empfehlenswerte Einkehrmöglichkeit:**
Gaststätte „Bauhof", Bauhof 1., 90556 Cadolzburg. Tel. 0 91 03/87 51, Fax 0 91 03/89 75. Geöffnet 11.00-14.00 und 18.00-24.00, sonntags durchgehend. Montag Ruhetag.

# Vom Kurpark zum Golfplatz

Der Weinmarkt in Bad Windsheim

Im Mittelalter, so die Quellen, war Franken mit einer Weinanbaufläche von 40.000 Hektar ein einziges Weinparadies, und auch rings um Windsheim gedieh der edle Rebensaft prächtig auf den Südhängen der zahlreichen Hügel. Spuren davon sind auch jetzt noch zu finden, wie wir auf unserer heutigen Wanderung feststellen können.

Wir verlassen den Windsheimer Bahnhof und gehen auf der Fußgängerbrücke über die Gleisanlagen. Am Rondell rechts vorbei und auf der Baumallee in den schönen, 30 Hektar großen Kurpark, den kennen zu lernen allein schon eine Reise nach Bad Windsheim wert ist. Das einzige Heilbad Mittelfrankens besteht seit Anfang des 20. Jahrhunderts. Die 1907 entdecke Solequelle gilt als eine der stärksten in Europa.

Rechts nach der Kiliani-Klinik ist ein Kakteenbeet zu besichtigen, daneben bunte Blumenrabatten und ein Apothekergarten, in dem vermerkt ist, bei welchen Krankheiten die einzelnen Kräuter eine heilende Wirkung haben können. Herrlich die alten Baumbestände! Wie unter einem Dach können Besucher und Kurgäste hier wandeln, bei schlechtem Wetter einigermaßen gegen Regen geschützt, bei großer Hitze vor den Sonnenstrahlen.

Am Ende der Kuranlage ein Wegweiser mit der Markierung Hase Richtung Weinturmhügel und Wiebelsheim. Wir biegen auf den Teerweg nach links ein, gehen an der Weggabelung nach rechts weiter über die kleine Brücke und halten uns dann anschließend

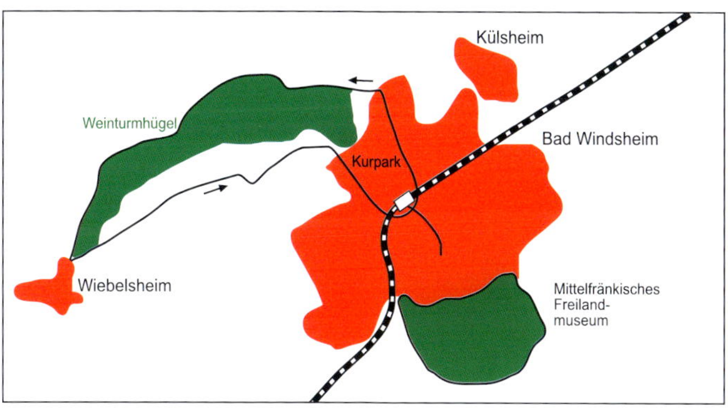

links. Nach zehn Minuten kreuzt die Verbindungsstraße Windsheim - Oberntief. Hier gehen wir auf dem Fußweg Richtung Oberntief und biegen nach 100 Metern links auf den markierten Wander- und Radweg ab.

Windsheim liegt nun hinter uns, neben uns links der Weinturmhügel, eine langgestreckte Erhebung mit Wiesen und Waldparzellen. Der durch Bäume verdeckte „Wartthurn" wurde 1428 zum Schutz der städtischen Weinberge errichtet. Beiderseits der Wanderroute Acker- und Weideland, aufgelockert mit Hecken und Baumreihen. Es geht immer geradeaus, und wir erreichen den Ende des 20. Jahrhunderts angelegten Golfplatz, ein riesiges, parkähnliches Gelände mit gepflegtem Rasen und den regelmäßigen Hinweisen, die Anlage ja nicht zu betreten.

Die letzte Rebfläche auf der Südseite des Weinturmhügels

Nach knapp vier Kilometern, vom Kurpark aus gerechnet, kommen wir zum Ortsschild Wiebelsheim. Ein kurzer Abstecher in das kleine Winzerdorf lohnt durchaus. Vor allem die St. Nikolaus Kirche mit einem Flügelaltar aus dem Jahr 1514 ist sehenswert.

Exakt vor dem Ortsschild zweigt ein Sträßchen scharf nach links ab, und hier treten wir den Rückweg nach Windsheim an. Bis zur Gabelung gehen und danach weiter geradeaus. Auf Grund des sanften Anstiegs hat man bald einen weiten Ausblick auf die Windsheimer Bucht, den rund acht Kilometer breiten Aischtalgrund zwischen Frankenhöhe, Uffenheimer Gau und Steigerwald.

Wir befinden uns jetzt auf der Südseite des Weinturmhügels, dessen Flanke teils bewaldet, teils mit Streuobstwiesen aufgelockert ist. Nach 500 Metern stoßen wir auf einen gut erhaltenen Weinberg, knapp einen Hektar groß, mit einem Winzerhäuschen am Ende der Rebfläche. Ganz sicher war hier in früheren Zeiten der größte Teil des Hügels dem Weinanbau vorbehalten.

Langsam entfernen wir uns vom Weinturmhügel. Eine Querstraße kreuzt unseren Weg, wir biegen nach rechts ab und kommen zur Oberntiefer Straße, die uns direkt zum Windsheimer Bahnhof bringt.

Auch wer Bad Windsheim bereits gut kennt, wird keine Lust haben, sofort die Heimfahrt anzutreten. Also vom Bahnhofsplatz aus über die Johanniterstraße in die herrliche Altstadt, zum Rathaus, zum Weinmarkt, zur Seekapelle, zur alten Lateinschule am Martin-Luther-Platz und vielleicht sogar zum Freilandmuseum schlendern und dann in eines der anheimelnden Wirtshäuser einkehren. In der Karpfenzeit, d.h. von September bis April, dürfte für Fischliebhaber der „Goldene Schwan" besonders verlockend sein. Andere empfehlenswerte Windsheimer Gasthäuser sind in der Route „Ins mittelfränkische Weinanbaugebiet" nachzulesen.

**Hinfahrt:**
Mit der R 1 bis Neustadt a.d.Aisch, dann weiter mit der R 81 nach Bad Windsheim.
**Rückfahrt:**
Von Bad Windsheim mit der R 81 nach Neustadt/Aisch, anschließend mit der R 1.
**Streckenlänge:**
Ohne den Rundgang in Bad Windsheim und Wiebelsheim rund 8 Kilometer.
**Dauer:** Gut 2 Stunden.
**Empfehlenswerte Einkehrmöglichkeit:**
Hotel-Gasthof „Goldener Schwan", Rothenburger Str.5, 91438 Bad Windsheim. Tel.0 98 41/50 61, Fax 0 98 41/ 7 94 40. Geöffnet 11.30 - 14.00 und 17.00 - 21.00, sonntags nur bis 20.00. Mittwoch Ruhetag.

Blick auf Happurg

# Zwischen Hohlem Fels und Pumpspeicherwerk

Der heutige Ausflug beginnt am Bahnhaltepunkt Pommelsbrunn. Von hier rechts die Straße entlang, am Gasthaus „Zur Grünen Flur" vorbei, auf der Fabrikstraße rechts und dann an der Tafel mit Informationen zur Houbirg erneut rechts. Unsere Markierung bis zum Happurger Stausee ist Rotkreuz.

Nach der Bahnunterführung geht es nochmals nach rechts und dann immer geradeaus, vorbei an einem Hühnerhof. Rechts, aber bereits in beträchtlicher Entfernung, die Bahngleise, dahinter das breite Pegnitztal, links die Anhöhen des Bocksbergs, des nördlichen Teils der Houbirg. Bis auf die ab und zu vorbei fahrenden Züge herrscht hier vollkommene Ruhe.

Der Weg führt einige hundert Meter lang allmählich bergan, insgesamt dürften es um die 50 Höhenmeter sein. Wer jede Anstrengung vermeiden will, kann diesen kleinen Anstieg und die etwa 30-minütige Wanderung bis Happurg umgehen, indem er mit der R 3 bis Hersbruck rechts der Pegnitz fährt. Dort dann den Bus 321 nehmen und am Happurger Marktplatz aussteigen.

Auf der Wanderroute kommen wir nach Durchschreiten eines Waldgebiets in offenes Gelände und haben einen wunderbaren Weitblick auf das Pegnitztal mit Hohenstadt, Hersbruck und den bewaldeten Höhenrücken. Hinter den ersten Dächern von Happurg liegt der 582 Meter hohe Deckersberg.

Wasserspiele am Stausee

In Happurg auf dem Pommelsbrunner Weg zur Hohenstädter Straße, dann rechts halten und in die Pflegerstraße einbiegen, dabei die Kirche links liegen lassen. Anschließend ignorieren wir das Hinweisschild „Stausee" und gehen geradeaus weiter, am Bachbett entlang. Jetzt ist es nur noch ein Katzensprung bis zum Kraftwerk, das wir linker Hand passieren, und schon liegt der Stausee vor uns.

Es ist ein 1956 von Menschenhand gebautes künstliches Becken mit einem Wasservolumen von 4,5 Millionen Kubikmetern. Nachts werden über zwei große Rohre riesige Wassermengen auf den Deckersberg gepumpt, der 200 Meter höher liegt, und tagsüber wird das Wasser nach unten abgelassen und treibt Turbinen an. Der so erzeugte Strom kann relativ teuer verkauft werden, während der Nachtstrom erheblich billiger ist.

Der Fußweg geht ganz um den See herum und immer am Ufer entlang. An Wochenenden, bei schönem Wetter, kann man von den aufgestellten Bänken aus Segler und Surfer beobachten. Baden ist auch möglich, doch Vorsicht! Die tagsüber herabfließenden Wassermassen verursachen gefährliche Strudel.

Radler sind hier selten anzutreffen. Überhaupt ist es hier, im Gegensatz zur fränkischen Seenplatte, sehr ruhig. Nur ein einziger gastronomischer Betrieb am Westufer hat sich bis jetzt etabliert.

Am Seeende, an der Ostspitze, sieht man den interessantesten Teil der Houbirg, den Hohlen Fels. Schon vor 60.000 Jahren hausten oben in den Höhlen Eiszeitjäger, die bereits der Gattung des homo sapiens, unserem Urahn, angehörten. Später ließen sich auf dem Plateau der Houbirg die Kelten nieder und errichteten ein so genanntes Oppidum, eine durch einen Ringwall befestigte Höhensiedlung. Sie war in etwa so groß wie die Nürnberger Altstadt.

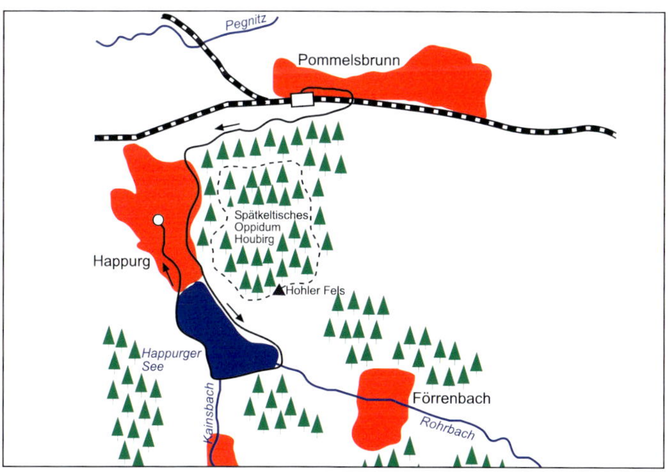

Heutzutage sind an den steil abfallenden Felswänden unterhalb des Hohlen Fels öfters Kletterer beim Üben zu beobachten.

Am Südufer überqueren wir auf einer Brücke den Rohrbach, wenig später den von der Ortschaft Kainsbach kommenden Kainsbach. Dann nicht mehr dem Rotpunkt folgen, sondern immer in Ufernähe bleiben und auf der Westseite des Sees weiter Richtung Happurg gehen. Gut einen Kilometer vor Happurg ein Kinderspielplatz und das Seeterrassen-Restaurant zum Einkehren.

Sobald das Kraftwerk erreicht ist, orientieren wir uns an der Markierung Blaupunkt und gelangen schnell in den alten Ortskern von Happurg. Sehenswert in dem staatlich anerkannten Erholungsort sind die aus dem 14. Jahrhundert stammende und 1781/82 umgebaute St. Georgskirche sowie einige alte Bauernhäuser, z.T. mit hochgiebligen Dachböden, in denen früher der Hopfen getrocknet wurde. Die Bushaltestelle ist am Marktplatz. Wartezeiten können im nahen Wirtshaus „Obere Mühle" überbrückt werden.

**Hinfahrt:**
Mit der S 1 bis Lauf links der Pegnitz, anschließend mit der R 4 bis Pommelsbrunn. Wer gleich nach Happurg möchte, fährt mit der R 3 bis Hersbruck rechts der Pegnitz und anschließend mit Bus 321 zum Happurger Marktplatz.
**Rückfahrt:**
Vom Happurger Marktplatz mit der Buslinie 321 nach Hersbruck rechts der Pegnitz, dann weiter mit der R 3.
**Streckenlänge:** Knapp 8 Kilometer.
**Dauer:** 2 - 2 1/2 Stunden.
**Empfehlenswerte Einkehrmöglichkeiten:**
Café-Restaurant Seeterrassen, Seepromenade 1, 91230 Happurg. Vom 1. Mai bis 30. September: täglich geöffnet von 10.00-22.00. Durchgehend warme Küche bis 21.00. Vom 1. Oktober bis 30. April: Mittwoch bis Montag bis 18.00 geöffnet. Dienstag Ruhetag. Tel. 0 91 51/81 74 41, Fax 0 91 51/81 74 45. www.seeterrassen.com
Gaststätte „Obere Mühle", Obere Mühlstr.3, 91230 Happurg. Tel. 0 91 51/44 24. Geöffnet 10.00-22.00. Montag Ruhetag.

# Auf den Spuren der oberpfälzer Eisenzeit

In Folge reicher Erzvorkommen und günstiger Verhüttungsmöglichkeiten entwickelte sich die Oberpfalz um Amberg im Spätmittelalter zu einem der bedeutendsten Eisenzentren Europas. Die alte Eisenstraße von Pegnitz nach Regensburg führte über Theuern, Wolfsbach, Ensdorf und Rieden. Insofern bewegen wir uns bei der heutigen Wanderung auf historischem Boden.

Die Tour beginnt an der Bushaltestelle in Rieden. Wir überqueren die Vilsbrücke und gehen geradeaus auf der Hirschwalder Straße bis zur Forststraße, die links abzweigt und uns auf den Rad- und Wanderweg Amberg-Schmidmühlen bringt. 1909/10 entstand hier eine Bahnlinie. Doch als der Zugverkehr 1966 eingestellt und die Strecke stillgelegt wurde, entschloss sich der Landkreis Amberg-Sulzbach, das Gelände aufzukaufen und den Bahndamm so auszubauen, dass er zum Wandern und Radeln genutzt werden kann.

Es erwartet uns also eine Wegstrecke ohne jede Steigung, mit nur wenigen Kurven und stets in Blicknähe der Vils. Kilometersteine am Rand erinnern daran: hier waren einst Dampfloks unterwegs.

Wir biegen in den Radwanderweg nach rechts ein und haben jetzt eine schöne Aussicht auf die Ortschaft, da der Radwanderweg ca. fünf Meter höher liegt. Nach ein paar Minuten links Kreuzwegstationen, die zu einer kleinen Wallfahrtskapelle führen. Alles ringsum ist grün in vielerlei Schattierungen. Rechts des Weges das liebliche Vilstal mit seinen satten Wiesen, links bewaldete Anhöhen mit markanten Kalkfelsen. Schon bald ist Ensdorf erreicht.

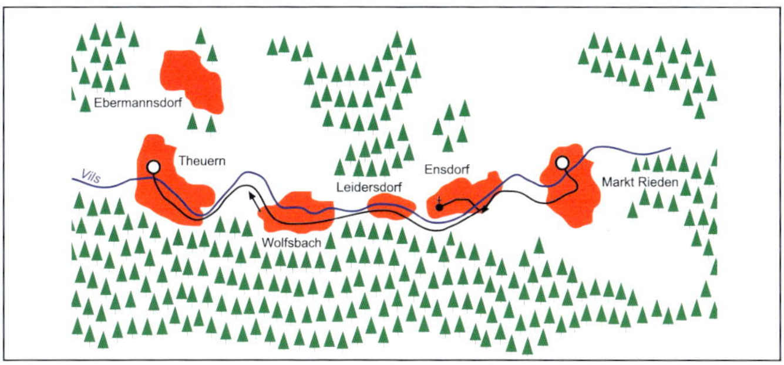

Die Vils bei Ensdorf

Es empfiehlt sich, die Tour hier kurz zu unterbrechen, über die Vilsbrücke zu gehen und danach links in die Hauptstraße einzubiegen. Es sind nur wenige Minuten bis zum Salesianerkloster Ensdorf, einer benediktinischen Gründung aus dem Hochmittelalter. Im Zuge der Säkularisation wurde der Klosterbetrieb 1802 zwar eingestellt, die Anlage ist dennoch gut erhalten. Die Klosterkirche hat eine herrliche Innenausstattung: die Deckenfresken der Kuppel sowie das Deckengewölbe stammen von Cosmas Damian Asam, der zusammen mit seinem Bruder Egid Quirin zu den bedeutendsten Malern und Stukkateuren des 18.Jahrhunderts zählt. Das Schutzengelbild der Kirche ist von Vater Asam.

Zurück auf dem Wanderweg stoßen wir kurz hinter Ensdorf rechter Hand auf ein Informationszentrum, das ausführlich über das Leben der Biber berichtet. Die bis zu 1,3 Meter langen und 30 Kilo schweren „Baumeister" sind an der Vils heimisch geworden und gelten nicht mehr als schädliche „Wasserschweine", da sie für die Erhaltung einer natürlichen Flusslandschaft nützlich sind.

Noch vor Leidersdorf passieren wir die Steinbergwand. Mit etwas Phantasie ist leicht vorstellbar, dass hier, in den engen Höhlen und Felsspalten, Steinzeitjäger lebten, die in den dichten Wäldern und an der Vils keine Mühe hatten, ausreichend Nahrung zu finden.

Drei Kilometer hinter der Abzweigung nach Leidersdorf liegt Wolfsbach. Der Weg bis dahin verläuft jetzt unmittelbar neben der Vils. Das Tal wird breiter, es grünt und blüht, im Frühjahr zunächst die Schlehen, später alle Arten von Obstbäumen.

Zwischen Wolfsbach und Theuern ist ein Waldstreifen zu durchwandern, danach sind wir am Ziel. Wem die letzte Wegstrecke bis Theuern schwer fallen sollte, kann die vier Kilometer von Wolfsbach nach Theuern mit dem Bus zurücklegen, an beiden Orten ist eine Haltestelle der Linie 454.

Sobald Theuern erreicht ist, biegen wir rechts in die Lochnerstraße ein und stehen nach rund 100 Metern vor dem prächtigen, 1781 errichteten Hammerherrenschloss, in dem der Landkreis Amberg-Sulzbach ein überregionales Bergbau- und Industriemuseum eingerichtet hat. Hier ist die industrielle Entwicklung Ostbayerns ausführlich dokumentiert. Neben einer reichhaltigen Mineralien- und Rohstoffsammlung kann man sehenswerte Exponate über die Eisen-

Das Herrenhammerschloss mit dem Kunstwerk eines Regensburger Künstlers

gewinnung und -verarbeitung in der Oberpfalz kennen lernen. Ein Rundgang lohnt sich!

Im Gasthaus „Zum Schlosswirt", neben dem Museum dürfte der interessante Tag einen gemütlichen Abschluss finden.

**Anfahrt:**
Mit dem Zug (R 4) bis Amberg, anschließend mit dem Bus 454 nach Rieden. Die Haltestelle in Rieden ist direkt neben der Vilsbrücke.

**Rückfahrt:**
Mit dem Bus 454 von Theuern (Haltestelle an der Vilsbrücke) zum Amberger Bahnhof, von dort weiter mit der R 4.

**Streckenlänge:**
Ohne Abstecher nach Ensdorf rund 8 Kilometer.

**Dauer:** Reine Gehzeit ca. 2 1/2 Stunden.

**Empfehlenswerte Einkehrmöglichkeit:**
Gasthaus „Zum Schloss", Tuwernstr.2, 92245 Theuern. Mittagstisch 11.30-14.00, Abendtisch 17.30-21.00 Sonst Brotzeitkarte. Montag Ruhetag. Tel. 0 96 24/8 01, Fax 0 96 24/8 03.

**Bergbau- und Industriemuseum Theuern:**
Die Öffnungszeiten sind Dienstag bis Samstag von 9.00 - 17.00. Sonn- und feiertags von 10.00 - 17.00.

# Felsen, Grotten und Ponore

Wanderungen in der Fränkischen und Hersbrucker Schweiz sind oft recht mühsam. Es geht meist bergauf und bergab, und manch einer ist von dem ewigen Rauf und Runter am Ende so erschöpft, dass ihm die Schönheiten der Natur gleichgültig werden und ihn nur noch der Wunsch beseelt, möglichst bald am Ziel zu sein. Doch es gibt in der Fränkischen Alb auch Wanderungen ohne Strapazen, und so eine ist der heutige Ausflug.

Die Schlierau-Kapelle

Vom Bahnhof in Neuhaus an der Pegnitz gehen wir nach links, folgen der Rechtskurve und biegen mit dem Hinweisschild Finstermühle in den Fuß- und Radweg ein. Neben dem Weg die träge dahin fließende Pegnitz, die wir nach 10 Minuten auf einer kleinen Brücke überqueren, und schon ist Finstermühle erreicht. Vorbei am Ponyhof und der Gastwirtschaft „Zur Linde", gleich danach links die Straße entlang, bis wir rechter Hand auf den mit Grünpunkt markierten karstkundlichen Wanderpfad stoßen, der bis zur Maximiliansgrotte führt.

Wir befinden uns jetzt im Hasellohe-Tal, einem für die Fränkische Alb charakteristischen Trockental. Nach ein paar hundert Metern kommen wir zur Distlergrotte, die umrahmt ist von wuchtigen Felsbrocken und unseren Vorfahren einst als Unterschlupf diente. Am tiefsten Punkt der Höhle, 17 Meter unterhalb des Eingangs, liegt ein kleiner See. Der Zugang ist beschwerlich und auch nur von April bis Oktober möglich. Keinesfalls ohne Taschenlampe betreten!

Das Tal zieht sich ohne jede Steigung dahin. Ab und zu kleine Felder mit Gemüse und Kartoffeln, am Wegesrand häufig die für die Frankenalb so typischen Dolomitfelsen. Nach einer Stunde stehen wir vor dem Eingang zur Mysteriengrotte. Der Name beruht auf einer Legende, nach der hier in grauer Vorzeit eine weiß gekleidete Frau herumgegeistert sein soll. Die 12 Meter breite und 16 Meter lange Höhle ist stets frei zugänglich. Im Winter kommt es in ihr zu bizarren Eisformationen an der Decke und auf dem Boden.

Unmittelbar neben der Grotte sieht man eine trichterförmige Vertiefung, ein so genanntes Ponor. Während der Schneeschmelze oder bei starkem Regenfall versickert hier das Wasser, da sich unterhalb der Vertiefung Hohlräume befinden, entstanden durch Abtragung der weichen Kalkschichten im Felsgestein.

Wir überqueren kurz hinter der Mysteriengrotte die nach Krottensee führende Straße und biegen gleich darauf nach rechts ab. Es folgt jetzt auf gut 100 Metern ein kurzer Anstieg. Anschließend geht es leicht bergab, und wir erreichen, Krottensee bereits im Blickfeld, das Schlieraukapellchen.

Auf den umliegenden Anhöhen kam es vor 300 Jahren,. am 24. Mai 1703, zu einem blutigen Gemetzel, als Nürnberger Truppen, unterstützt von einem österreichischen Regiment, drei bayerische Bataillone überfielen und in die Flucht schlugen. 400 tote Bayern wurden pietätlos in das Windloch in der Nähe der Maximiliansgrotte geworfen, Krottensee ging in Flammen auf.

Wir orientieren uns jetzt an der Markierung Gelbpunkt und erreichen Krottensee in 10 Minuten. Richtung Dorfmitte gehen und kurz vor dem Landgasthof „Zur Linde" mit dem Gelbpunkt nach links abbiegen. Bis Neuhaus sind es von hier nur noch 1,5 Kilometer. Wer sich zuvor stärken möchte und Wert auf fränkische Speisen legt, kehrt in der „Linde" ein - einem Gasthof mit eigener Hausschlachtung.

Hinter den letzten Häusern von Krottensee ist bereits Neuhaus mit der mächtigen Burg Veldenstein zu sehen. Vor der Bahnunterführung den Fußweg links nehmen und bis zur Pegnitz vorgehen. Hier liegt der Quelltopf. Aus dem runden Becken quillt Wasser, das sich unterirdisch gesammelt hat, an die Erdoberfläche kommt und dann in die Pegnitz fließt.

Burg Veldenstein in Neuhaus

Zum Bahnhof weiter dem Gelbpunkt folgen. Lohnend auf

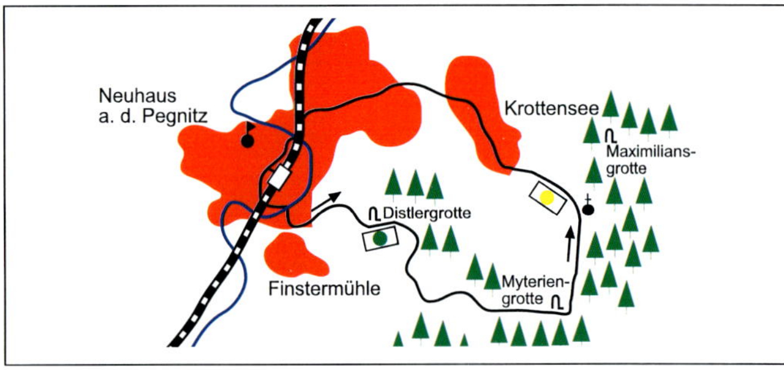


jeden Fall, wenn auch mit einem kleinen Anstieg verbunden, ist ein Besuch der Burg Veldenstein, einst Amt und Residenz der Bamberger Fürstbischöfe und unter Kaiser Friedrich II. als „novum castrum" (Neues Haus) erbaut. Der Rundblick vom Burgturm ist überwältigend. Neben dem rechteckigen Burgfried ist auch der Zwinger sowie der äußere Mauerring mit seinen Türmen erhalten. Eine Einkehr im gemütlichen Burghotel könnte den reizvollen Rundgang abschließen..

**Anfahrt:**
Mit der R 3 bis Bahnhof Neuhaus.
**Rückfahrt:**
Von Neuhaus mit der R 3 Richtung Nürnberg.
**Streckenlänge:** Ca. 8 Kilometer.
**Dauer:** Gut 2 Stunden.
**Empfehlenswerte Einkehrmöglichkeiten:**
Landgasthof „Zur Linde", Krottensee 5, 91284 Neuhaus/Pegnitz. Ganztägig geöffnet, kein Ruhetag. Tel. 0 91 56/5 26, Fax 0 91 56/92 73 95. www.zur-linde-schreg.de, gasthof@zur-linde-schreg.de
Hotel Burg Veldenstein, 91284 Neuhaus/Pegnitz. Tel. 0 91 56/6 33 und 0 91 56/6 34, Fax 0 91 56/17 49. Durchgehend geöffnet von 11.00 bis 20.00. Montag Ruhetag. hotel.burg.veldenstein@onlinehome.de, www.veldenstein.burg-hotel.de

# Naturparadies am Altmühlsee

Unsere heutige Wanderung hat ihren Ausgangspunkt am Bahnhaltepunkt in Muhr am See. Wir folgen der Bahnhofstraße nach rechts, gehen bis zum Rondell und biegen hier links in die Fichtenstraße ein. In etwa zehn Minuten stehen wir am Ufer des Altmühlsees.

Die Vogelinsel – ein Naturparadies

Der 4,5 Quadratkilometer große See, annähernd so groß wie der oberbayerische Königssee, wurde in den Jahren 1976-85 angelegt und ist von einem 12,5 Kilometer langen, ringförmigen Damm umgeben. Hier kann Altmühl- und Donau-Wasser gesammelt werden, das bei Hochwasser oder Schneeschmelze mittels eines Kanals, des so genannten Überleiters, in den Kleinen und Großen Brombachsee abgegeben wird und von da bei Bedarf über die Schwäbische Rezat in das niederschlagsärmere Regnitz-Main-Gebiet fließt.

Unser erstes Ziel ist zunächst die 200 Hektar große Vogelinsel. Wir gehen am Seeufer ein kurzes Stück nach rechts bis zu der Holzbrücke und tauchen jetzt in ein wahres Naturparadies ein mit Feuchtwiesen, Gebüsch, Schilfzonen, freier Seefläche und Fischwasserbereichen. Der einige hundert Meter lange Rundweg, der natürlich nicht verlassen werden darf, ist so angelegt, dass man Vögel vereinzelt beobachten kann, ohne sie zu stören. Bis jetzt wurden nahezu 300 verschiedene Vogelarten registriert, darunter außerordentlich seltene Spezies. (Näheres dazu im VGN-Band 3

„Gärten, Parks, Naturerlebnisse", S.95-102). Es lohnt sich, den Aussichtsturm zu besteigen und das herrliche Panorama zu genießen!

Zurück am Seeufer den Fuß- und Radweg nach rechts einschlagen. Vor allem an Wochenenden und während der Schulferien sind hier viele Radler unterwegs, also gut aufpassen! In 15 Minuten ist das Seezentrum Muhr am See erreicht mit Badestrand, Liegewiese, Kinderspielplatz, Bootsvermietung, Segelhafen und Fahrradverleih. Auch ein Kiosk zum Erfrischen und Stärken ist da. 150 Meter weiter kommt man zu einer der drei Anlegestellen der Altmühlsee-Schifffahrt. Wer vier Kilometer Fußweg einsparen möchte, besteigt das Schiff und fährt von hier über das Seezentrum Wald in etwa 45 Minuten nach Schlungenhof. Dort sind es dann nur noch knapp zwei Kilometer bis Gunzenhausen.

Der Rad- und Wanderweg auf dem Uferdamm

Der Weg auf dem Uferdamm, etwa drei Meter oberhalb des Wasserspiegels, ist einfach herrlich. Rechts der Altmühlsee, links großflächige Wiesen mit vielerlei Büschen und Baumgruppen. Immer wieder Ruhebänke, aber man kann es sich auch am Ufer gemütlich machen, die Füße baumeln lassen, den Surfern und Segelbooten zuschauen oder ein Nickerchen einlegen. Baden ist ebenfalls an den ausgewiesenen Stellen erlaubt.

Gut zwei Kilometer vor Gunzenhausen kommen wir zum Freizeitzentrum Schlungenhof. Auch hier wieder Bootsverleih, Gelegenheit zum Surfen und Segeln, außerdem ein ansprechendes Restaurant, der „Seegasthof", und wer bis Gunzenhausen nicht warten kann, um seinen Durst zu löschen und seinen Hunger zu stillen, wird sich hier wohl fühlen.

Kurz hinter Schlungenhof ist das Südufer des Sees erreicht. Wir überqueren den Überleiter-Kanal zum Kleinen Brombachsee und können beobachten, wie die Altmühl unterhalb des Altmühlsees ins Altmühltal geleitet wird. Wir kommen dann zu einer Straßenunterführung und kurz darauf zu einer Bahnunterführung. Danach links halten und auf schmalem Fußweg zur Bahnhofstraße laufen. Wanderer, die die Sehenswürdigkeiten und gastronomischen Höhepunkte von Gunzenhausen bereits zur Genüge kennen und es eilig haben, werden zum Bahnhof gehen, um möglichst schnell einen Zug nach Ansbach oder Treuchtlingen zu bekommen.

Die anderen biegen in die Bahnhofstraße nach rechts und stoßen nach wenigen Minuten auf den Gasthof „Hotel zur Post" aus dem 17. Jahrhundert, ursprünglich eine thurn- und taxische Poststation. Schon Goethe und König Ludwig I. kehrten hier ein. Heutzutage sind auch Wanderer und Radler herzlich willkommen.

Vor oder nach dem Wirtshausbesuch sollte noch Zeit für einen Stadtbummel sein. Beim Verkehrsamt am Marktplatz kann man sich die kostenlose Broschüre „Stadtrundgang" holen und dann die wichtigsten Sehenswürdigkeiten der Stadt anschauen. Z.B. das Rathaus, die Spitalkirche, den Blas- und den Färberturm, die spätgotische Stadtkirche, die historischen Gebäude am Marktplatz oder

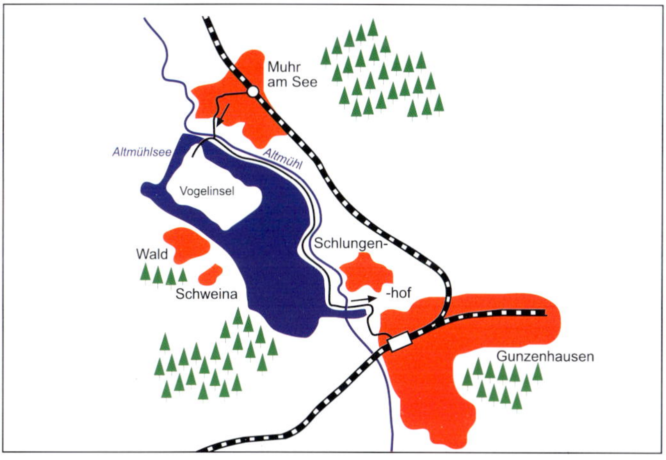

in der Weißenburger Straße die Reste der einstigen Stadtbefestigung mit Wehrgang. Unter den hohenzollerischen Markgrafen wurde Gunzenhausen zu einer der vier wichtigsten Städte des Fürstentums Brandenburg-Ansbach. Vom Glanz der höfischen Vergangenheit ist bis heute Etliches erhalten geblieben.

**Anfahrt:**
Mit der R 7 bis Ansbach oder mit der R 6 bis Treuchtlingen, dort jeweils mit der R 8 nach Muhr am See.
**Rückfahrt:**
Von Gunzenhausen mit der R 8 bis Ansbach, anschließend weiter mit der R 7 Richtung Nürnberg. Oder mit der R 62 nach Pleinfeld, von dort dann mit der R 6 ebenfalls Richtung Nürnberg.
**Streckenlänge:**
Mit Rundgang auf der Vogelinsel, aber ohne Stadtbummel in Gunzenhausen, ca. 8 Kilometer.
**Dauer:**
Ohne Stadtbummel 2 1/2 - 3 Stunden.
**Empfehlenswerte Einkehrmöglichkeiten:**
„Seegasthof" im Seezentrum Schlungenhof, Seestraße 19, 91710 Gunzenhausen. Tel. 0 98 31/8 05 05, Fax 0 98 31/8 05 99. Geöffnet: 10.00 - 22.00 von Mai bis Oktober. info@seegasthof-altmuehlsee.de
Gasthof „Hotel zur Post", Bahnhofstraße 7, 91710 Gunzenhausen. Tel. 0 98 31/6 74 70, Fax 0 98 31/6 74 72 22. Ganztägig geöffnet. Montag Ruhetag. Küche offen 11.30-14.00 und 18.00-22.00. Sonntag nur 11.30-14.00. info@hotelzurpost-gunzenhausen.de, www.hotelzurpost-gunzenhausen.de
**Schifffahrt am Altmühlsee:**
Im Frühjahr und Herbst täglich 4, im Sommer (14.07.-31.08) 6 Rundfahrten. Auskunft über den Zweckverband Altmühlsee, Marktplatz 25, 91710 Gunzenhausen, Tel. 0 98 31/ 508-191 bis -193. Fax 0 98 31/508-179. www.altmuehlsee-schifffahrt.de

# Begegnung mit dem Mittelalter

Der Besuch von kleinen Städten, die ihren mittelalterlichen Charakter bewahrt haben, ist für den an technische Errungenschaften gewöhnten Menschen immer wieder ein besonderes Ereignis. Deshalb stehen im Mittelpunkt unserer heutige Wanderung zwei Rundgänge durch Ortschaften mit viel mittelalterlichem Flair.

Der Bus 515 bringt uns zur Haltestelle Eichstätter Straße in Beilngries. Der nachweislich fast 1000 Jahre alte Ort unterstand bis Anfang des 19. Jahrhunderts dem Eichstätter Bistum und erhielt bereits 1053 das Markt- und Zollrecht. Wir gehen von der Haltestelle in die Hauptstraße zur Stadtpfarrkirche mit den zwei prächtigen Türmen und bewundern die schönen, kunstvollen Hausfassaden. Wer mehr von der mittelalterlichen Baukunst sehen und verstehen möchte, holt sich im Haus des Gastes, Hauptstr.14, den kostenlosen Stadtführer und schlendert dann etwa 30 Minuten gemütlich und genussvoll den Inneren Graben entlang. Ein Teil der Stadtmauer ist erhalten geblieben, ebenso neun Türme. Allein schon ihre Namen - z.B. Sauhüterturm, Bettelvogtturm, Seelennonnenturm - geben Anlass zu Spekulationen, was sich einst in ihnen abgespielt hat.

Ein seltener Anblick auf dem Main-Donau-Kanal

Danach zurück in die Hauptstraße, ein Stück die Neumarkter Straße entlang und nach der Sulzbrücke links Richtung Hafen halten. Wir kommen zu dem Fuß- und Radweg, der uns am Main-Donau-Kanal entlang nach Berching führen wird.

Wir befinden uns am linken Ufer des Kanals, der etwa 100 Meter breit und auf beiden Seiten mit Schilf und Gebüsch bewachsen ist. Die anheimelnde Romantik des alten Ludwig-Kanals mit seinen vielen Schleusen und Brücken fehlt zwar. Dennoch ist die Route in dem ausladenden Sulztal mit schönem Weitblick auf grüne Hügelketten abwechslungsreich und zudem sehr angenehm zu laufen. Schiffe auf dem Kanal sind leider nur selten zu beobachten.

Nach rund einer Stunde tauchen die Türme der Benediktinerabtei Plankstetten auf. Es lohnt sich, nach links abzubiegen und den kleinen Anstieg zum Kloster zu unternehmen. Die im 12. Jahrhundert gegründete Abtei hat die Wirren der Zeit gut überstanden und imponiert nicht nur durch ihre stattlichen Gebäude, die man besichtigen kann. Die Mönche bewirtschaften Gärten und Felder nach BIOLAND-Richtlinien. Im Klosterhofladen werden weitgehend, in der Klosterschenke ausschließlich, eigene Produkte angeboten. Auch das Bier ist nach ökologischen Prinzipien selbst gebraut. Im Missionsbasar kann man kunsthandwerkliche Erzeugnisse und exotische Artikel aus verschiedenen Ländern günstig einkaufen.

Wieder auf dem Fuß- und Wanderweg bleiben wir zunächst auf dem linken Ufer und wechseln später auf die rechte Seite. (Wer die

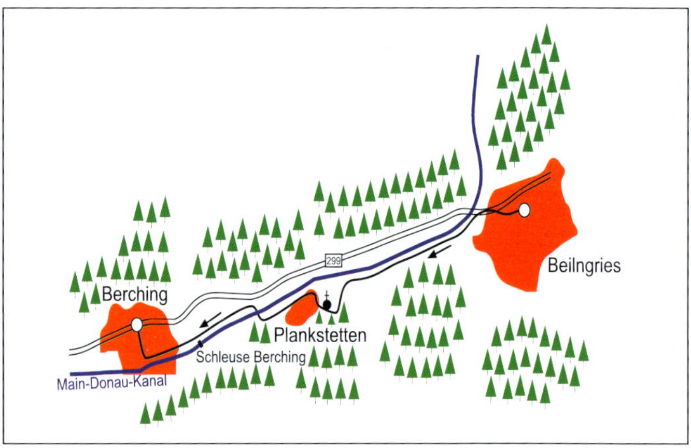

Stadtmauer und Stadtgraben in Berching

Wanderung bereits hier beenden möchte, kann von der Haltestelle Plankstetten an der B 299 mit dem Bus 515 nach Berching oder gleich nach Neumarkt fahren). Kurz vor Berching passieren wir die gleichnamige Schleuse. An der Stadt angekommen, gehen wir durch das Obere oder Gredinger Tor in die Altstadt.

Ist schon Beilngries ein Erlebnis gewesen, so ist das 1100 Jahre alte Berching, Geburtsstadt des Komponisten Christoph Willibald Gluck, noch um Etliches eindrucksvoller. Die Wehrmauer mit vier Toren und 13 Türmen blieb voll erhalten, die Wehrgänge können teilweise begangen werden. Fünf Stockwerke hohe Speicherhäuser, herrliche Fassaden mit Erkern und Madonnenbildern, behäbige Gasthäuser mit aufwändigen Wirtshausschildern, in den zwei Kirchen wertvolle Altarbilder, ein gotischer Schnitzalter und kunstvolle Stuckarbeiten - das alles zeugt vom frühen Reichtum Berchings. Kaum eine Stadt in Franken, abgesehen von Rothenburg und Dinkelsbühl, kann mit einem so geschlossenen mittelalterlichen Stadtbild aufwarten. Mein Rat deshalb auch hier: Beim

Tourismusbüro am Pettenkoferplatz 12 einen Stadtplan holen und die Altstadt in aller Ruhe durchwandern.

Wer gut einkehren möchte, findet in der „Blauen Traube" am Pettenkoferplatz ausgezeichnete Speisen und Getränke. Die Berchinger Bushaltestelle Vorstadt ist ganz in der Nähe der St. Lorenz Kirche.

**Anfahrt:**
Mit der R 5 bis Neumarkt, dann mit der Buslinie 515.

**Rückfahrt:**
Von Berching/Vorstadt mit dem Bus 515 nach Neumarkt, anschließend mit der R 5 Richtung Nürnberg

**Streckenlänge:**
Rund 10 Kilometer.

**Dauer:**
Ohne Besichtigung und Stadtrundgang 2 1/2 - 3 Stunden.

**Empfehlenswerte Einkehrmöglichkeiten:**
Klosterschenke mit Biergarten in der Benediktinerabtei Plankstetten, Klosterplatz 1, 92334 Berching. Tel. 0 84 62/ 20 61 70. Geöffnet 11.00-19.00, von November bis März 11.00-18.00. Montag Ruhetag.
Hotel-Gasthof „Blaue Traube", Pettenkoferplatz 3, 92334 Berching. Geöffnet täglich 10.00-22.00, nur im Winter mittwochs 14.00-17.00 geschlossen. Tel. 0 84 62/12 50, Fax 0 84 62/2 73 29. rosibuchberger@aol.com, www.hotel-blauetraube.de

**Benediktinerabtei Plankstetten:**
Klosterführungen mit Vorträgen zur Geschichte, zu den Tätigkeitsfeldern der Mönche sowie zu der ökologischen Kreislaufwirtschaft sind unter Tel. 0 84 62/20 61 30, Fax 0 84 62/20 61 21 anzumelden. Die Kosten einer Gruppenführung betragen 30 Euro.

# Eine Oase der Ruhe

Wir beginnen unsere Tour am Plärrer in Neustadt/Aisch und gehen von hier über die Parkstraße geradewegs in den Stadtpark. Von der Stadt und ihrer Geschäftigkeit ist nun nichts mehr zu spüren. Alles ist grün und friedlich. Rechts des Wegs plätschert der Strahlbach, der uns ein Stück lang begleiten wird. Die Markierung bis zum Endpunkt in Emskirchen ist ab sofort das Blaukreuz.

Nach der Bahnunterführung stoßen wir auf den Strahlbacher Weg. Rechts der erste Weiher und saftige Wiesen, links eine Schrebergartenkolonie. Bald kommt Unterstrahlbach in Sicht, ein kleines Dorf, das wir rechts liegen lassen. Es folgen eine Reihe von Karpfenteichen, denn wir befinden uns jetzt auf dem 2003 eingerichteten Weiherwanderweg (www), gekennzeichnet durch das Symbol „Fisch im Wasser". Vor uns eine wunderschöne Landschaft mit sanften Hügeln, auf denen im Frühling Rapsfelder goldgelb blühen. Im Sommer prägen wogende Mais- und Getreidefelder die Gegend. Eine himmlische Ruhe, kein Auto, nur ab und zu in der Ferne das gleichmäßige Rattern eines Zuges auf der Strecke Nürnberg-Frankfurt.

Angeln am großen Weiher in der Nähe von Unterstrahlbach

Wir erreichen dann das breite Waldviertel Hohenwürzburg und Birkenschlag mit leichtem und allmählichem Anstieg. Das Blaukreuz und das Fischzeichen trennen sich für eine Weile und vereinigen sich später wieder. Etwa einen Kilometer vor Rennhofen -

Die Kilianskirche
in Emskirchen

der spitze Turm des alten evangelischen Kirchleins ist schon zu sehen - geht's mit dem Blaukreuz nach links ab, erneut in ein Wäldchen, danach wieder offene Flur, geprägt durch eine Vielzahl von Bodenwellen und lang gestreckten Feldern.

Die nächste Station ist Bottenbach. Linker Hand eine riesige Scheune und ein blumengeschmückter Bauernhof. Das Dorf hindurch, ein Stück auf der Landstraße entlang und anschließend links die kleine Steigung auf geteertem Weg hinauf. Es folgt ein schmaler und letzter Waldgürtel, das Kreuzlohwäldchen, danach herrliche Ausblicke nach allen Seiten bis nach Emskirchen. Die Felder ringsum, so scheint es, nehmen kein Ende. Mit etwas Glück sieht man einen Hasen über den Weg hoppeln oder erspäht einen Raubvogel in den Lüften.

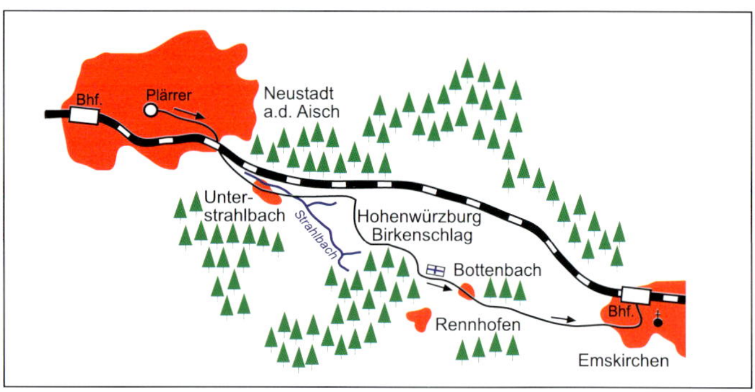

Das Blaukreuz führt uns über die Bottenbacher Straße ins Zentrum von Emskirchen. In Höhe des Friedhofs zweigt die Bahnhofsstraße ab, ein letzter kleiner Anstieg für alle, die jetzt gleich die Heimreise vom Emskirchener Bahnhof aus antreten wollen.

Die anderen sehen sich in der schmucken Gemeinde um, die bereits 1158 erstmals urkundlich erwähnt wurde und 1361 das Marktrecht erhielt. Die günstige Lage Emskirchens an der alten Handelsstraße von Nürnberg nach Frankfurt und der Fleiß der Handwerker verhalfen den Anwohnern zu ansehnlichem Wohlstand. Davon zeugen noch heute einige stattliche Bürgerhäuser und die imposante evangelisch-lutherische Kilianskirche mit dem spätromanischen Turm aus dem 13. Jahrhundert.

Für das leibliche Wohl wird in Emskirchen bestens gesorgt, im „Roten Herz" wie im „Goldenen Hirsch". Und wer hätte nicht nach einer mehrstündigen Wanderung eine zünftige Brotzeit verdient?

**Anfahrt:**
Mit dem Zug (R 1) zum Bahnhof in Neustadt. Von hier entweder mit der Buslinie 127, 145 oder 146 zum Plärrer fahren. Bzw. wie folgt laufen: Vom Bahnhof aus nach rechts bis zur B 470 und hier ca. 100 Meter auf dem Fußweg nach rechts, an der nächsten Straßeneinmündung rechts durch die Bahnunterführung und dann die Bahnhofstraße zum Plärrer (10-15 Minuten).
**Rückfahrt:**
Vom Bahnhof in Emskirchen mit der R 1.
**Streckenlänge:** Gut 10 Kilometer.
**Dauer:** Rund 2 1/2 Stunden.
Empfehlenswerte Einkehrmöglichkeiten:
Gasthof „Rotes Herz", Hindenburgstr.21, 91448 Emskirchen. Geöffnet Montag bis Freitag 9.00-24.00. Samstag und Sonntag Ruhetag. Tel. 0 91 04/6 94, Fax 0 91 04/17 86.
„Goldener Hirsch", Marktplatz 6, 91448 Emskirchen. Geöffnet Mittwoch - Sonntag 11.00 - 14.00 und 17.00 - 23.00. Dienstag 17.00 - 23.00. Montag Ruhetag. Tel. 0 91 04/6 95, Fax 0 91 04/82 35 55. anmeind@gmx.de

# Wo die Wiesent am schönsten ist

In Behringersmühle, am Fuße des Wallfahrtsortes Gößweinstein, münden Püttlach und Ailsbach in die Wiesent. Hier liegt das Zentrum der Fränkischen Schweiz, und hier beginnt der schönste Teil der Wiesent. Als die Romantiker Ludwig Tieck und Wilhelm Heinrich Wackenroder Pfingsten 1793 ihre legendäre Reise von Erlangen über Muggendorf und Behringersmühle nach Bayreuth unternahmen, sprach man noch vom „Muggendorfer Gebürg". Erst der Bamberger Joseph Heller schlug 36 Jahre später den inzwischen allseits akzeptierten Namen „Fränkische Schweiz" vor.

Wir starten unsere Wanderung an der Bushaltestelle in Behringersmühle, gehen ein paar Meter in Richtung Gößweinstein und biegen gleich darauf rechts in den mit Rotkreuz markierten Weg ein. Nur ein paar Schritte sind es bis zum Zusammenfluss von Wiesent, Ailsbach und Püttlach. Auf der linken Seite bewaldete, mit wuchtigen Steinbrocken bedeckte Anhöhen. Rechts fließt die Wiesent, dahinter ebenfalls bis zu 500 Meter hohe Berghänge. Hoch aufragende Dolomitfelsen sorgen für ein eindrucksvolles Panorama.

Die Stempfermühle, jetzt Gasthof

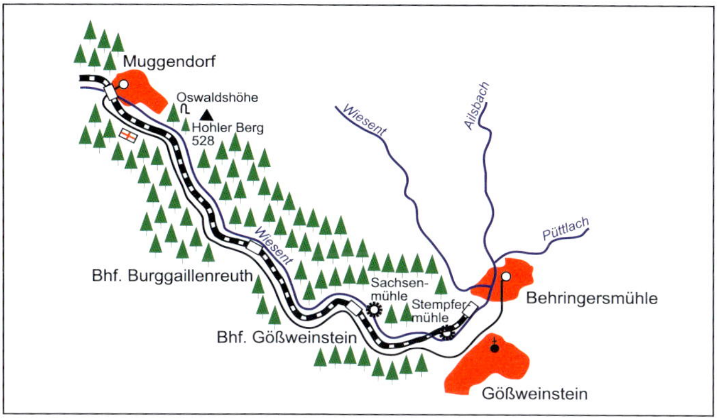


Am rechten Wiesentufer ist der Bahnhof Behringersmühle zu sehen. Die Bahnlinie Ebermannstadt - Behringersmühle wurde 1927 eingeweiht und 1976 eingestellt, da heutzutage alle lieber mit dem Auto unterwegs sein wollen. Seitdem betreut der Verein „Dampfbahn Fränkische Schweiz" die Strecke und fährt vom 1. Mai bis 31. September, allerdings nur an Sonn- und Feiertagen, mit einer „Museumsbahn" drei Mal in beiden Richtungen.

Nach gut 10 Minuten erreichen wir die 1468 erstmals urkundlich erwähnte Stempfermühle. Aus einer Topf- und zwei Sturzquellen ergießen sich hier pro Sekunde 700 Liter Karstwasser. Viktor von Scheffel hat diesem einzigartigen Naturereignis in die Verse gewidmet: „Dem Fels entsprudeln stark und kühl / drei sich verwandte Quellen / und tragen bei der Stempfermühl / zur Wiesent ihre Wellen". Gemahlen wird in der Mühle natürlich schon lange nicht mehr, wohl aber seit 1866 Bier ausgeschenkt, und Erlanger Studenten erkoren die Mühle Ende des 19. Jahrhunderts zu ihrer „Exkneipe". Inzwischen ist die Stempfermühle ein attraktives Wirtshaus mit einladendem Biergarten.

Die Gleise der Museumsbahn wechseln auf das linke Wiesentufer und verlaufen lange Zeit neben dem Wanderweg. Das Tal wird enger und enger, kaum dass Fluss, Schiene, die B 470 und unsere Wanderstrecke genügend Platz haben. Die Dolomitwände auf der gegenüber liegenden Flussseite, Relikte der späten Jurazeit vor 140 Millionen Jahren, werden immer großartiger. Mein Vorschlag: Ein stilles Plätzchen suchen und die grandiose Kulisse genießen.

Die Kalkfelsen im Wiesenttal

Wir befinden und jetzt in einem Naturwaldreservat, in dem festgestellt werden soll, wie sich die Lebensgemeinschaft Wald ohne menschliche Eingriffe entwickelt. Das Verlassen des Weges ist hier deshalb untersagt.

Nach gut einer Stunde, von der Bushaltestelle aus gerechnet, kommen wir zur Sachsenmühle. Die Wiesent wird hier durch ein Wehr gestaut. Im gemütlichen Biergarten neben dem Mühlengebäude wäre eine kleine Erfrischung sicher angebracht.

Nach der Sachsenmühle geht es einige Male leicht bergauf und bergab. Rechts der Bahnhof Gößweinstein, 30 Minuten später die Bahnhaltestelle Burggaillenreuth. Die Wiesent hat sich, mit Dolomitwänden auf beiden Seiten, im Laufe der Jahrmillionen mühsam durch das dazwischen liegende weichere Lagunenkalkbecken arbeiten müssen. So sind viele Windungen entstanden, entsprechend ist auch unsere Wanderroute recht kurvenreich mit immer neuen Ausblicken auf eine imposante Landschaft.

Nach der zweiten Abzweigung Richtung Burggaillenreuth kommen wir auf einen Waldlehrpfad mit vielen interessanten Informationen über die heimische Tier- und Pflanzenwelt, über die geologische Struktur des Wiesenttals und die aktuellen Aufgaben der Forstwirtschaft. Wir folgen dem Rotkreuz, überqueren an der Informationstafel 1 die Straße und haben jetzt einen letzten kleinen Aufstieg zu bewältigen, der uns aber gleichzeitig mit einer herrlichen Aussicht auf Muggendorf entschädigt.

Kurz darauf rechts die Holzstufen hinunter, dann nach links einschwenken, über die blau gestrichene Brücke gehen, und schon ist die Bushaltestelle erreicht, von der aus wir die Rückfahrt nach Ebermannstadt antreten werden.

Zuvor jedoch, wer noch genüsslich einkehren möchte, die Forchheimer Straße geradeaus weiter und rechts zum Speiselokal-Café „Goldener Stern" einbiegen. Denn nach der durchwanderten einmalig schönen Flusslandschaft dürften Kaffe und Kuchen oder eine typisch fränkische Mahlzeit mit Sicherheit besonders gut schmecken.

**Anfahrt:**
Mit der R 2 bis Forchheim, anschließend mit der R 22 nach Ebermannstadt. Von dort mit der Buslinie 232 (OVF-Bus 8418) nach Behringersmühle. An Sonn- und Feiertagen von Mai bis Oktober fährt auch die Museumsbahn von Ebermannstadt nach Behringersmühle (www.dfs.ebermannstadt.de).

**Rückfahrt:**
Mit dem Bus 8418 (an Sonn- und Feiertagen auch mit der Museumsbahn) nach Ebermannstadt, dann weiter mit der R 22 und R 2.

**Streckenlänge:**
Rund 10 Kilometer.

**Dauer:**
In etwa 2 1/2 - 3 Stunden.

**Empfehlenswerte Einkehrmöglichkeiten:**
Gasthof - Café „Stempfermühle", Behringersmühle 19, 91327 Gößweinstein. Tel. 0 92 42/16 58. Von April bis September ab 11.30 geöffnet.

Speiselokal - Café „Goldener Stern", Marktplatz 6, 91346 Muggendorf. Geöffnet 7.00 - 22.00. Von November bis März mittwochs und donnerstags Ruhetag. Tel. 0 91 96/9 29 80, Fax 0 91 96/14 02. hotel@goldener-stern.de, www.goldener-stern.de

# Meisterwerke des Kanalbaus

Als der nach dem bayerischen König Ludwig I. benannte alte Main-Donau-Kanal nach 10-jähriger Bauzeit im Jahr 1846 eröffnet wurde, blieb der König den Feierlichkeiten fern. Vielleicht ahnte er, dass die aufkommende Eisenbahnzeit das 18 Millionen Gulden teure Bauprojekt bald überflüssig machen würde. Und so geschah es auch. Die von Treidelpferden gezogenen Kanalschiffe waren, was die Effektivität betrifft, dem Zugverkehr auf Schienen hoffnungslos unterlegen. Bereits ab 1863 wurden im Gütertransport nur noch Verluste eingefahren, so dass der Ludwigkanal in den Folgejahren bald keine wirtschaftliche Rolle mehr spielte. Die Trasse Nürnberg - Bamberg wurde später sogar zugeschüttet. Die Strecke nach Kehlheim blieb jedoch erhalten und ist heute eines der attraktivsten Biotope und Ausflugsziele für Wanderer und Radler in und um Nürnberg.

Wir beginnen unsere Tour an der Wendelsteiner Bushaltestelle Plärrer in der Nürnberger Straße, gehen über die Kanalbrücke und schwenken auf den Fußweg nach rechts ein. Das Kanalbett ist hier

Schleusenwärterhäuschen am Ludwigkanal

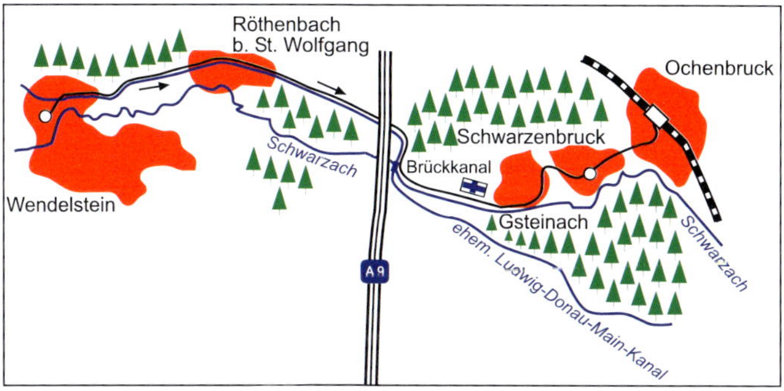


nur rund fünf Meter breit und auf beiden Seiten so dicht bewachsen, dass die Baumkronen fast zusammenstoßen.

Das Bild ändert sich mit Überqueren der Staatsstraße. Jetzt ist der Kanal rund 15 Meter breit. Auf dem stehenden, grün-bräunlichen Gewässer wachsen See- und Teichrosen, natürlich auch reichlich Algen. Auf der rechten Kanalseite verläuft der Radweg, links der Wanderweg mit sehr interessanten Erläuterungen zur Kanalgeschichte. Beiderseits der Uferböschung dichter Wald, teilweise mit riesigen Eichen und Buchen.

Bald ist Röthenbach/St.Wolfgang erreicht. Der Ort hat seinen Anfang im 13. Jahrhundert, als hier zwei Zeidelgüter gegründet wurden. Damals bestanden im Reichswald ideale Bedingungen für die Bienenzucht. Wegen der günstigen Lage an der Salzstraße, die von Nürnberg ins Salzkammergut auch über Röthenbach führte, wurde die „Rodung am Bach" im Mittelalter auch zu einem Hauptsitz der Fuhrleute sowie zum geschätzten Wallfahrtsort mit dem Heiligen Wolfgang als Schutzpatron der Waldarbeiter.

In Röthenbach stoßen wir auf die erste Schleuse. 100 hatte der Kanal insgesamt, denn es mussten 286 Höhenmeter überwunden werden. Kurz nach der Schleuse der so genannte kleine Brückkanal: Hier unterquert ein Flüsschen den Ludwigkanal, schon dies ein Meisterwerk der Brückenbauer.

Es folgen zwei weitere Schleusen, und wir kommen zur A 9. Ein Tunnel für Radfahrer und Fußgänger ermöglicht die Unterquerung. Wenn der größte Autolärm verebbt ist, passieren wir die vierte Schleuse und sind dann bald am großen Brückkanal, dem großartigsten Bauwerk des Ludwigkanals überhaupt. Hier wurde erstmals ein Kanal über einen Fluss geleitet. Die Kanalschiffe überquerten auf einer Höhe von 17,4 Meter die Schwarzach, und das muss ein Atem beraubender Anblick gewesen sein. Im Stil römischer Aquadukte gebaut, löst dieses grandiose Bauwerk nicht nur unter Fachleuten auch heute noch höchste Bewunderung aus.

Wir verlassen nunmehr den Kanalweg und biegen mit dem Blaukreuz nach links ins Tal der Schwarzach ab. Dabei muss man durch die Anlage der Waldschänke „Brückkanal". Nachdem bereits die Hälfte der Wanderroute geschafft ist, wird dem einen oder anderen die Einkehr in dieses beliebe Ausflugslokal äußerst willkommen sein.

Felsentor an der Schwarzach

Der Weg im Schwarzachtal ist als Lehrpfad gestaltet. Es geht zunächst 50 Meter hinunter, und sogleich wird deutlich, dass uns hier eine ungebändigte, wild wuchernde Natur erwartet. Das von Sandsteinfelsen umrahmte Tal ist eng, der Pfad schmal und mit Baumwurzeln übersät. Überall umgestürzte Bäume, unzählige Brennnesseln und bizarr geformte Sandsteinwände. Die als Schwarzach-Klamm bezeichnete Schlucht erstreckt sich über zwei Kilometer. Hier hat der Urstrom der Schwarzach gewaltige Felsüberhänge mit Höhlen, Durchbrüchen und Toren entstehen lassen - ein Naturdenkmal, wie es schöner und gewaltiger selbst in Alpenregionen kaum zu finden ist. .

Wir erreichen die Karlshöhle, danach das im 19. Jahrhundert errichtete Kraftwerk Gsteinach und müssen hier einen kleinen Anstieg in Kauf nehmen. Danach geht es mit dem Blaukreuz wieder zur Schwarzach hinunter, vorbei am Restaurant „Oase" und weiteren eindrucksvollen Sandsteingebilden wie der Gustav-Adolf-Höhle. Hier hat der schwedische König 1632 nach einer gewonnenen Schlacht einen Gottesdienst abgehalten.

Beim Schild „Restaurant Sportpark im Moor" nach links abbiegen, danach rechts in die Gsteinacher Straße einschwenken und immer geradeaus weitergehen. Wir kommen zur Hauptstraße, und wenn man müde ist, kann man von der Haltestelle Plärrer den letzten Kilometer zum Ochenbrucker Bahnhof mit der Buslinie 502 zurücklegen.

Wer weiter zu Fuß geht, findet rechter Hand ein Hinweisschild zu den „Schwarzachstuben" und hat hier eine reiche Auswahl an deutschen, griechischen und italienischen Spezialitäten.

Am Ende der Hauptstraße gibt es einen ausgeschilderten Fußpfad zum Bahnhof. Man sollte aber zusätzlich noch einen Einheimischen nach dem genauen Weg zu fragen.

**Anfahrt:**
Mit der Buslinie 602/603 von Langwasser Mitte zur Haltestelle Plärrer in Wendelstein.
**Rückfahrt:**
Mit der R 5 vom Bahnhof Ochenbruck Richtung Nürnberg
**Streckenlänge:**
Etwa 10 Kilometer.
**Dauer:**
Rund 2 1/2 - 3 Stunden.
**Empfehlenswerte Einkehrmöglichkeiten:**
Waldschänke „Brückkanal", Am Brückkanal 3, 90537 Feucht. Tel. 0 91 28/43 26, Fax 0 91 28/38 72. Öffnungszeiten: 10.00 - 22.00. Montag Ruhetag.
Restaurant „Schwarzachstuben", Siedlerstr.2, 90592 Schwarzenbruck. Geöffnet Montag bis Freitag von 11.00 - 14.30 und 17.30 - 23.00. Samstags und sonntags durchgehend geöffnet. Dienstag Ruhetag. Tel. 0 91 28/1 23 60 und /1 38 58, Fax 0 91 28/72 73 53.

Burg Egloffstein. 100 Meter oberhalb der Ortschaft

# Ins europäische Kirschenzentrum

Süßkirschen werden in der Fränkischen Schweiz seit Jahrhunderten geerntet, und Pretzfeld, an der Mündung der Trubach (des „trüben Bachs") in die Wiesent, ist Zentrum des größten Anbaugebiets in Europa. Im Frühjahr gleicht das Trubachtal einem einzigen Blütenmeer. Ab Juni hängen die reifen Kirschen verführerisch an den Bäumen und wollen gezupft oder gerissen werden. Hier zu wandern zählt mit Sicherheit zu einer der schönsten Touren im Frankenland.

Start ist am Bahnhof Pretzfeld. Dem Markflecken kam bereits um das Jahr 800 eine erhebliche Bedeutung zu, denn von hier aus sicherten die Würzburger Bischöfe ihren Einfluss durch zahlreiche Eigenkirchen zum Osten hin ab. Vom Glanz der großen Vergangenheit sind immerhin zwei sehenswerte Objekte übrig geblieben: das Pretzfelder Schloss, lange Zeit Sitz bedeutender Adelsgeschlechter, und die Mitte des 18. Jahrhunderts errichtete St. Kilianskirche. Sie entstand auf den Grundmauern eines mittelalterlichen gotischen Gotteshauses. Der Rokokobau zählt nach dem Urteil der Historiker zu den wertvollsten fränkischen Landeskirchen. Wir erreichen Schloss und Kirche über die Bahnhofs- und Schlossstraße.

Dann die Hauptstraße rechts weiter bis zur Wandertafel und anschließend dem Blau- bzw. Grünstrich folgen. Wir überqueren die Trubach, gehen zunächst in südlicher Richtung und biegen dann nach links ab. Das Trubachtal liegt nun vor uns, breit und anmutig, umrahmt von grünen Berghängen. Unzählige Obstbäume, in Gärten und Plantagen, dazwischen Getreidefelder und satte Wiesen. Wahrlich ein Naturparadies.

Bald ist Hagenbach erreicht. In der Ortsmitte das Schloss der Familie von Seefried aus dem Jahr 1172, entstanden aus einer ehemaligen Säge- und Mahlmühle. Gleich danach geht's mit dem Blaustrich links ab, die Trubach ist jetzt zum Greifen nahe. Sie schlängelt sich in zahllosen Mäandern durch den Wiesengrund, bald gemächlich, dann wieder sprudelnd und quicklebendig, umsäumt von Erlen und Weiden. Auf der gegenüber liegenden Talseite ist Wannbach zu sehen. Dort stand im 16. Jahrhundert ein Wasserschloss, das zum Besitz der Freiherren von und zu Egloffstein gehörte. Nach 70 bis 80 Minuten, von Pretzfeld aus gerechnet, gelangen wir nach

Kirschenblüte im Trubachtal

Unterzaunsbach und haben die Hälfte der Tour geschafft. Wie wär's mit einer Brotzeit im Gasthaus „Brauerei Meister", einer der alten fränkischen Privatbrauereien?

Weiter dann in Richtung Oberzaunsbach. Wer müde geworden ist, hat die Möglichkeit, nach Egloffstein mit dem Bus 222 zu fahren. Die Wanderer legen jetzt ein längeres Stück des Weges auf der Straße zurück, und es geht auch ein Weilchen bergauf, doch findet hier so gut wie kein Autoverkehr statt. Kurz hinter Oberzaunsbach wandern wir dann auf schmalem Pfad im enger und romantischer werdenden Trubachtal, das noch immer von Obstplantagen umgeben ist. Auf der anderen Talseite liegt der Ort Schweinthal. Kurz vor Mostviel ein Wildgehege, und nachdem wir die Egloffsteiner Brotfabrik erreicht haben, überqueren wir mit dem Blaustrich die Trubach.

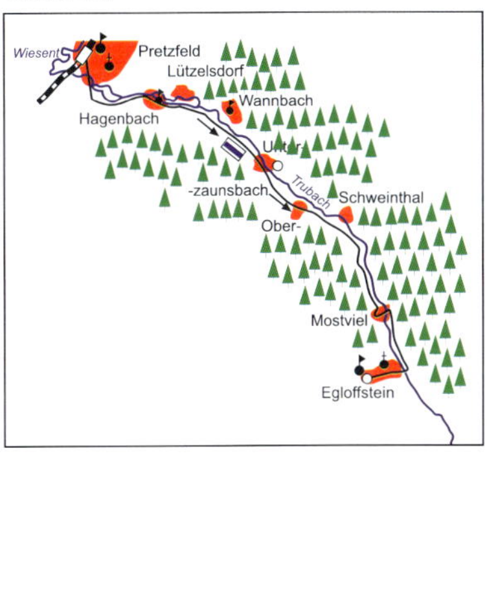


Erneut ein herrliches Panorama. Links die Anhöhen mit den Felswänden Balkenstein und Pfarrfelsen, rechts die schäumende Trubach. Ganz besonders schön der Malerwinkel, von dem aus Burg Egloffstein in eindrucksvoller Höhenlage unsere Bewunderung hervorruft. Der Stammsitz der Grafen und Freiherren von und zu Egloffstein liegt 100 Meter oberhalb des Ortes und ruht auf einem jäh abfallenden Dolomitbrocken. Der Behauptung, die Burg mit Turm, Kapelle und den Schlossgebäuden sei eine der großartigsten Anlagen weit und breit, kann man nur zustimmen.

Unmittelbar hinter der Kneipp-Anlage über die Trubachbrücke und in den einzigen staatlich anerkannten Luftkurort der Fränkischen Schweiz gehen. Auch der Ort Egloffstein mit seinen zahlreichen Fachwerkbauten und Häusern, die terrassenförmig auf dem Berghang angelegt sind, verdient unsere Aufmerksamkeit. Vor der Einkehr in das „Gasthaus zur Post" in der Talstraße ist vielleicht noch ein wenig Zeit, die engen Gässchen zu durchstreifen, um sich abschließend kulinarisch verwöhnen zu lassen.

**Anfahrt:**
Mit dem Zug (R 2) nach Forchheim, von hier mit der Bahn (R 22) weiter bis Pretzfeld.
**Rückfahrt:**
Von Egloffstein mit der Buslinie 222 entweder nach Gräfenberg (von hier dann mit der R 21 zum Nürnberger Nordost-Bahnhof) oder nach Forchheim (von hier anschließend mit der R 2 nach Nürnberg). An Wochenenden ist der Busverkehr stark eingeschränkt.
**Streckenlänge:** Rund 10 Kilometer.
**Dauer:** Etwa 2 1/2 Stunden.
**Empfehlenswerte Einkehrmöglichkeiten:**
„Gasthof zur Post", Talstraße 8, 91349 Egloffstein. Geöffnet 9.00-22.00, Montag Ruhetag. Tel. 0 91 97/5 55 und /5 56, Fax 0 91 97/88 01. gasthofzurpost-egloffstein@gmx.de, www.gasthofzurpost-egloffsteinnet
Gasthof „Brauerei Meister", Unterzaunsbach 8, 91362 Pretzfeld. Geöffnet 9.00 - 22.00. Dienstag Ruhetag (Januar, Februar und März auch Donnerstag Ruhetag). Tel. 0 91 94/ 91 26, Fax 0 91 94/79 68 50. www.brauereimeister@t-online.de

# Tor in die Hersbrucker Schweiz

Bei Hohenstadt verlässt die Pegnitz das „Gebirge" und erreicht das so genannte Urtal, das sich bis Nürnberg erstreckt. Vor allem ab Hersbruck hat die Pegnitz mit erheblichen Sandmengen zu kämpfen und schiebt hier Jahr für Jahr Tausende von Kubikmetern Sand mit, der vor allem linksseitig von dem Sandbach, dem Hammerbach und dem Röthenbach, rechtsseitig von der unteren Schnaittach, dem Sittenbach und dem Röttenbach eingebracht wird. Deshalb hat sich das Flussbett der Pegnitz im Laufe der Zeit wiederholt verschoben, verzweigt und geteilt. Auf diese Weise sind zahllose Mäander entstanden, wie auf unserer heutigen Wanderung zu beobachten sein wird.

Blick auf den Großen und Kleinen Hansgörgel

Wir verlassen den Bahnhaltepunkt Speikern über den Fußweg, der uns in die Ortsmitte führt. Wir gehen die Kersbacher Straße weiter geradeaus, biegen mit dem Löwensymbol nach rechts ab und kommen so zur Reichenschwander Straße, auf der wir bis Reichenschwand bleiben.

Uns erwartet eine anmutige, landwirtschaflich intensiv genutzte Hügellandschaft mit leichten Bodenwellen, einzelnen Baumgruppen und vielen Feldern. Der Blick gleitet rechts in das Pegnitztal, links zu den bewaldeten Höhen des Rödelbergs.

Nach einer halben Stunde sind wir in Oberndorf. Wir gehen auf der Speikerner Straße am Bahndamm entlang, dann durch die

Unterführung und kommen zur B 14, die quer durch Reichenschwand führt. Der Ort hieß ursprünglich Reicholtswant und war bereits um 1225 besiedelt. Im Süden von Reichenschwand teilt sich die Pegnitz. Auf der kleinen Insel steht ein prächtiges Schloss, das im 19. Jahrhundert im neugotischen Stil erneuert wurde. Der Schlosspark ist öffentlich zugänglich.

Wir gehen auf der B 14 nach links. Die Autolärm ist sehr lästig, zum Glück sind es bis zur Kirchstraße, die rechter Hand abzweigt, nur gut 100 Meter. Sobald wir diese Straße erreicht haben, genießen wir die nun eingekehrte himmlische Ruhe.

Wir orientieren uns fortan am Gelbkreuz. Hinter der Pegnitzbrücke am Schlosshotel vorbei, anschließend auf den Feldweg nach links, ein gutes Stück an der Pegnitz entlang, hinter dem Fluss liegt der Schlossgarten. Das Tal ist breit und ausladend, der Blick reicht rechts bis zum Arz- und Deckersberg, links zum Großen und Kleinen Hansgörgel. Ackerbau ist auf dem Talgrund kaum möglich, denn der Sandboden gibt wenig her. Das Land wird zudem oft überschwemmt. Wandern ist es hier dagegen ideal.

Unsere nächste Station ist Henfenfeld. Es lohnt sich ein kurzer Abstecher in den alten Ortskern, deshalb nach Durchschreiten der Unterführung weiter geradeaus Richtung Kirchturm. Nun auf dem Fußweg am Hammerbach entlang bis zur großen Brücke laufen und anschließend in die Kirchstraße einbiegen, vorbei am Alten Schulhaus aus dem 16. Jahrhundert. Die Nikolauskiche mit roma-

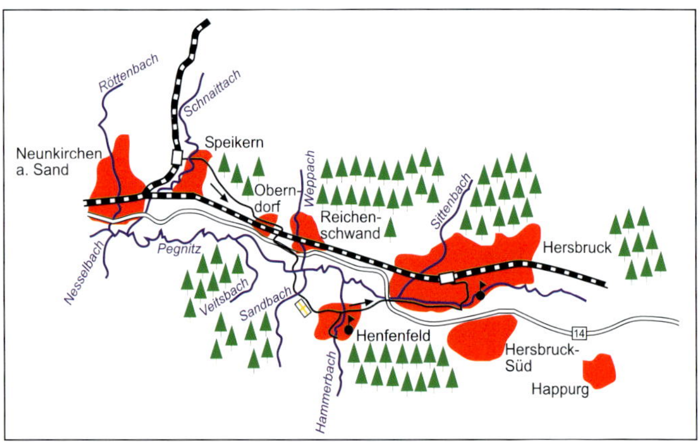

Die riesige Kastanie im Park von Schloss Henfenfeld

nischem Chorraum, kunstvollen Emporengemälden und schönen Glasmalereien aus der Dürerzeit unbedingt besichtigen. Auch ein Besuch des gegenüber liegenden Schlosses mit Park, einst Sitz der Patrizierfamilie Pfinzing, sollte nicht versäumt werden. Das imposante Gebäude, derzeit als Opern- und Konzertakademie genutzt, blickt auf eine 1200-jährige Geschichte zurück. Der riesige Kastanienbaum im Schlosspark ist ein einzigartiges Naturdenkmal. Das „Ristorante Castello" nebenan bietet dem Besucher ein angenehmes Ambiente.

Danach am Hammerbach zurück zur Waagstraße, auf der wir gut 200 Meter in Richtung Hersbruck gehen, bis links auf den Fuß- und Radweg „Am Sand" abzubiegen ist. Wir nähern uns wieder der Pegnitz. Links ein Teich, kurz darauf eine Unterführung, die wir passieren. Anschließend geht es rechts weiter und dann gleich links auf breitem Feldweg.

Die Berge sind jetzt zum Greifen nahe, auch die Houbirg ist klar zu sehen. Linker Hand, hinter dem baumumsäumten Flussbett der Pegnitz, der Kirchturm von Altensittenbach. Wir kommen zügig voran. Beiderseits des Weges überwiegend Wiesen, ab und zu ein winziger Acker, im Herbst mit zerzausten Sonnenblumen und dürren Maisstauden.

Der Feldweg führt in einer großen Rechtskurve wieder auf den Radweg, und dann ist Hersbruck erreicht, das Tor zur Hersbrucker Schweiz. Die Querstraße nach links gehen, die Pegnitzbrücke überqueren, ein Stück am Fluss entlang, der hier zwei fast parallel verlaufende Arme gebildet hat, und schon stehen wir vor der prächtigen Stadtpfarrkirche St. Maria. Ganz in der Nähe liegt das Hersbrucker Schloss und gegenüber das Kastenamt mit der Touristinformation. Wer die Sehenswürdigkeiten Hersbrucks näher kennen lernen möchte, holt sich dort einen Altstadtführer und wird vom mittelalterlichen Flair der Stadt begeistert sein.

Die Rückfahrt Richtung Nürnberg ist am günstigsten vom Bahnhof rechts der Pegnitz, erreichbar vom Oberen Markt über das Nürnberger Tor. Zuvor aber nicht das Einkehren vergessen! Hersbruck hat viele empfehlenswerte Gasthäuser, so den „Schwarzen Adler" und das „Restaurant Café Bauer", beide in der Martin-Luther-Straße.

**Anfahrt:**
Mit der R 31 nach Speikern.
**Rückfahrt:**
Mit der R 3 von Hersbruck rechts der Pegnitz Richtung Nürnberg
**Streckenlänge:**
Etwa 11 Kilometer.
**Dauer:**
Ohne Besichtigungen und Umwege rund 3 Stunden.
**Empfehlenswerte Einkehrmöglichkeiten:**
„Ristorante Castello", Am Schloss 14, 91239 Henfenfeld. Tel. 0 91 51/86 69 72. Geöffnet 11.30 - 14.00 und 17.30 - 22.00, Freitag nur 17.30 - 22.00. Montag Ruhetag.
Gasthof „Schwarzer Adler", Martin-Luther-Straße 26, 91217 Hersbruck. Tel. 0 91 51/22 31, Fax 0 91 51/22 36. Geöffnet 11.00 - 22.00, Freitag 17.00 - 22.00. Donnerstag Ruhetag.
Restaurant Café Bauer, Martin-Luther-Straße 16, 91217 Hersbruck, Tel. 0 91 51/8 18 80, Fax 0 91 51/81 88 10. Geöffnet 9.00 - 23.00 durchgehend. Mittwoch Ruhetag. Gasthof@restaurant-cafe-bauer.de, www.restaurant-cafe-bauer.de

# Die herbe Schönheit einer fast vergessenen Landschaft

Das Parsberger Schloss

Die Schwarze Laaber entspringt bei Velburg im Landkreis Neumarkt und mündet bei Sinzing in die Donau. Mühsam hat sie sich ihr Bett entlang der Bergketten des oberpfälzischen Jura gebahnt. Angenehm ist es, zu Fuß das Laabertal zu durchwandern, etwas beschwerlich dagegen, wieder auf die Höhenrücken zu kommen. Deshalb sind auf dieser Wanderung einige kleinere Anstiege zu bewältigen, es sei denn, man zieht es vor, auf den letzten Teil der Route zu verzichten und denselben Weg zurückzugehen.

Start am Parsberger Bahnhof. Von hier rechts in die Bahnhofstraße und danach rechts in den Fußweg an der Hohenfelser Straße einbiegen. Wir orientieren uns an dem gelben Schild Laabertalweg und schwenken bei der Ortschaft Hammermühle noch vor der Laaberbrücke nach rechts auf den asphaltierten Weg parallel zur Schwarzen Laaber ein.

Die Flussufer sind umsäumt von Schwarzerlen und Schilf, und wo fast jede Strömung fehlt, halten sich Teichrosen, Algen und Entengrütze. Das Tal ist breit, beiderseits umrahmt von bewaldeten Anhöhen.

Nach einer halben Stunde erreichen wir Degerndorf, eine Ortschaft mit vielen schönen Vorgärten. Wir überqueren die Laaber

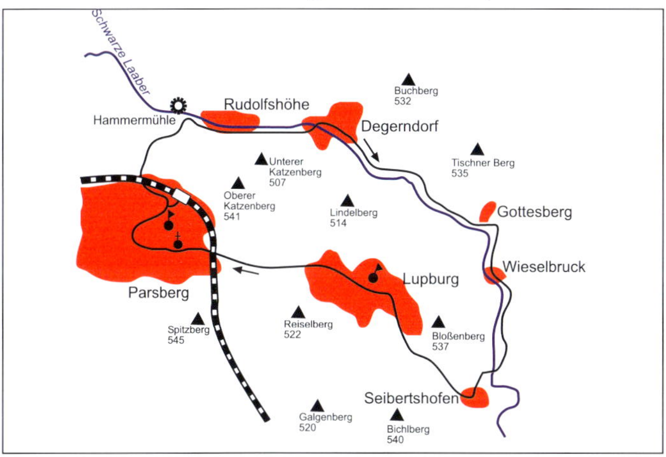

Kurz vor Lupburg

und sind jetzt auf der linken Uferseite. Uns erwartet eine Landschaft von herber Schönheit. Die Berghänge linker Hand sind übersät mit Wacholderbüschen und wuchtigen Jurakalkfelsen. Hier wächst die Silberdistel, gedeihen seltene Moose und Farne, ist der Schachbrettfalter anzutreffen. Früher dienten die Wacholderhänge den Schafen als Weideland. Seit dies nicht mehr der Fall ist, beginnen die Flächen zu verbuschen.

Landwirtschaftlich wird das Tal der Schwarzen Laber nur spärlich genutzt. Nur ab und zu kommen wir an Maisfeldern und Wiesen vorbei, der Boden ist karg und steinig. Unwillkürlich fühlt man sich in den mediterranen Süden versetzt. Es entsteht der Eindruck einer verlassenen und vergessenen Gegend, die aber gerade deshalb für den Naturliebhaber besonders attraktiv sein dürfte.

Wir passieren den Weiler Eggenthal, später dann Wieselbruck. Hier geht's ein kurzes Stück auf der Autostraße entlang. Das Laabertal wird danach enger, die Berghänge sind steiler. Sobald Fischhaus erreicht und damit gut die Hälfte der Route geschafft ist, sollte überlegt werden, ob die Wanderung fortgesetzt oder der Rückweg angetreten wird. Denn von Fischhaus bis Seibertshofen geht es zehn Minuten lang bergauf, und auch auf den eineinhalb Kilometern bis Lupburg ist ein kleinerer Anstieg zu bewältigen.

Die Umkehrer werden erleben, dass es sehr lohnend sein kann, die gleiche Strecke zurückzugehen, weil sich zum Teil völlig neue Perspektiven ergeben. Doch auch wer weitergeht, wird nicht enttäuscht sein. In Seibertshofen angekommen bietet sich dem Auge eine total andere Umgebung. Ringsum Kuppen, die wie Höcker aus der Landschaft ragen, dazwischen weite Getreidefelder, durchsetzt mit Baumgruppen. Und dann ist schon Lupburg zu sehen. Die bereits im Jahr 1070 urkundlich erwähnte Marktgemeinde thront, einem italienischen Bergdorf vergleichbar, auf einem Hügel. Der

Ort hat bei dem Wettbewerb „Unser Dorf soll schöner werden" eine Goldmedaille gewonnen. Von der Lupburger Burgruine hat man einen herrlichen Ausblick auf die abwechslungsreiche Landschaft des Oberpfälzer Jura.

Es wäre inzwischen sicherlich Zeit für eine Wirtshauspause. Doch leider ist sowohl der Gasthof Wagner in Seibertshofen wie auch das Gasthaus Dippl-Stodl in Lupburg werktags erst ab 17 Uhr und lediglich an Sonn- und Feiertagen über Mittag offen. So wird nichts anderes übrig bleiben, als mit der Einkehr bis Parsberg zu warten, zumal die rund zwei Kilometer von Lupburg dorthin schnell geschafft sind und das wunderbare Panorama die leichten Anstrengungen erträglicher macht. Im „Goldenen Kreuz" sowie beim „Hirschen" kann dann auf jeden Fall gut und preiswert „geschlemmt" werden.

Der kürzeste Weg von der Parsberger Marktstraße zum Bahnhof ist über den Burg- und Bergweg. Wem Parsberg noch unbekannt ist, sollte nicht versäumen, den kleinen Umweg über Schloss und Kirchplatz zu wählen. Die Herren von Parsberg, die über acht Jahrhunderte die Geschicke der Stadt bestimmten, haben Spuren hinterlassen, denen nachzugehen auch heute noch lohnenswert ist.

**Anfahrt:** Mit der R 5 nach Parsberg
**Rückfahrt:**
Mit der R 5 von Parsberg Richtung Nürnberg
**Streckenlänge:** Rund 11 Kilometer.
**Dauer:** Etwa 2 1/2 bis 3 Stunden.
**Empfehlenswerte Einkehrmöglichkeiten:**
Hotel-Restaurant „Zum Hirschen", Dr. Schrettenbrunnerstr. 1, 92331 Parsberg. Warme Küche täglich 11.30-14.00 und 17.30-21.00. Tel. 0 94 92/60 60, Fax 0 94 92/60 62 22. www.hirschenhotel.de, ferstl@zum-hirschen.de
Historisches Gasthaus „Zum Goldenen Kreuz", Marktstr. 12, 92331 Parsberg. Tel. 0 94 92/90 52 10. Geöffnet: Montag bis Donnerstag 11.30-14.00 und 17.30-24.00, Freitag und Samstag bis 1.00. Sonn- und feiertags von 10.00-1.00.

# Am Fuße des Moritzbergs

Der Laufer Marktplatz mit dem Rathaus

Diese Wanderung unterscheidet sich ein wenig von den meisten der anderen Touren. Kurz vor Haimendorf sind nämlich ein paar kleinere Steigungen zu überwinden, die man allerdings ohne große Anstrengung schaffen kann. Wer dennoch Bedenken hat und lieber auf Nummer Sicher gehen möchte, fährt mit dem Bus bis Haimendorf und tritt erst dort die Wanderung an. Nach Lauf sind es von hier dann nur noch rund sechs Kilometer.

Wer die volle Tour auf sich nimmt, geht von der Haltestelle Röthenbach-Seespitze nach links und gleich danach mit dem Grünstrich, der uns bis Haimendorf begleiten wird, nach rechts. Nach einigen Getreidefeldern kommen wir durch einen Mischwald. 20 Minuten später erreichen wir die Autobahn Berlin-München. Wir gehen über die Autobahnbrücke und biegen danach rechts in einen schmalen Waldpfad ein. Der lästige Verkehrslärm verebbt rasch. Riesige Eichenbäume sind nicht zu übersehen, und dann ist auch schon der kleine Ort Himmelgarten erreicht.

Am Ortseingang eine Reitschule mit zahlreichen Pferdekoppeln. Ein paar Schritte weiter biegt der Grünstrich nach rechts ab. Es wäre jedoch angebracht, die Straße zunächst ein Stück weiterzugehen und das Schlösschen Himmelgarten anzuschauen, das die Herren von Fürer vor einigen Jahrhunderten gebaut haben. Wie es sich für einen Ort mit dem Namen Himmelgarten gehört, warten einige Häuser mit schönen Vorgärten auf.

Am Ortsende ein Weiher mit kleiner Insel, anschließend führt uns der Grünstrich auf einen schmalem Waldpfad. Es folgt ein erster sanfter Anstieg, ein zweiter nach Überquerung der Straße. Wir befinden uns jetzt auf offenem Gelände und erreichen nach gut einer Stunde, vom Ausgangspunkt in Röthenbach gerechnet, den Weiler Grüne Au.

Den einen Kilometer bis Haimendorf legen wir auf einer kaum befahrenen Straße zurück und kommen zur Freiherr-von-Fürer-Straße. Bevor die Wanderung jetzt nach links fortgesetzt wird, sollte man die Fürer-Straße in der anderen Richtung weitergehen, um „Am Wasserschloss" den Hauptsitz der Fürer kennen zu lernen

Die Fürer entstammen einem wohlhabenden Nürnberger Geschlecht und erwarben im Mittelalter große Gebiete rund um den Moritzberg. Noch heute gehört den jetzigen Nachkommen ein Großteil des Berges, außerdem das Jagdschlösschen Rockenbrunn sowie das Haimendorfer Schloss, das leider nicht besichtigt werden kann. Wenn man vor dem mächtigen Eisenportal steht und auf das teilweise durch Bäume verdeckte prächtige Gebäude schaut, wird deutlich, dass es sich hier um einen außergewöhnlichen Herrensitz handelt.

Wieder auf der Fürer-Straße kommen wir an der Bushaltestelle der Linie 331 vorbei, und kurz hinter dem Campingplatz stoßen wir am Leinleiterweg auf das Hinweisschild „Klingender Wasserfall - Hüttenbach-Schlucht". Die Wegstrecke ist jetzt nicht mehr markiert, also gut aufpassen! Wir gehen den Leinleiterweg geradeaus, vorbei an einer Pferdekoppel. Kurz nach Betreten des Waldgürtels überqueren wir den Hüttenbach und sind jetzt auf der rechten Seite der Hüttenbach-Schlucht mit Blick auf einen 4 1/2 Meter hohen Wasserfall.

In drei Stufen ergießt sich das Wasser in das Bachbett. Im Sommer ist oft nur ein bescheidenes Rinnsal zu sehen. Anders nach

Der Klingende Wasserfall im Winter

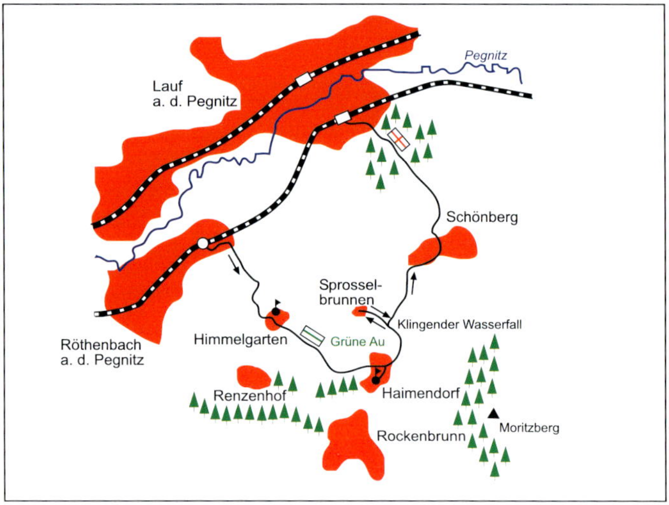


starken Regenfällen oder zur Zeit der Schneeschmelze. Zu einem besonderen Schauspiel wird der Wasserfall im Winter, wenn sich riesige Eiszapfen an den eisbedeckten Wänden bilden und bei Wind zu vibrieren, zu „klingen" beginnen - ein wirklich einmaliger Naturvorgang. Insofern ist die Wanderung vor allem bei Frost äußerst lohnend.

Wir setzen dann die Wanderroute rechts der Schlucht fort und stoßen auf ein weites Feld mit Strommasten. Hier zweigt, wiederum ohne Markierung, nach rechts ein schmaler Wiesenpfad Richtung Schönberg ab. Wir gehen jedoch zunächst weiter geradeaus, um nach gut 200 Metern eine zweite Laune der Natur, den Sprosselbrunnen, zu bestaunen.

Dort, wo eine Sitzbank aufgestellt ist, den kleinen Abhang hinunter, und wir stehen vor einer Sandsteinwand mit runden Löchern. Aus den unteren sprudelt glasklares Wasser. Stopft man die Löcher zu, kommt das Wasser aus den oberen Öffnungen, denn die Röhren sind miteinander verbunden.

Danach den Weg zurück und bei den Strommasten den Wiesenpfad weitergehen. Der Blick gleitet über Mais-, Getreide- und Kartoffelfelder, die im Sommer und Herbst ein farbenfrohes Bild abgeben. Rechts, zum Greifen nahe, der 603 Meter hohe Moritzberg, seit Urzeiten „Hausberg" der Nürnberger.

Schönberg ist bald erreicht. In der Hauptstraße bis zum „Bayerischen Löwen" gehen und dann dem Rotkreuz folgen. Zuvor aber könnten die allzu Hungrigen und Durstigen im Gasthof „Rotes Ross" am Marktplatz eine Rast einlegen und sich fränkische Spezialitäten munden lassen.

Am Ortsende von Schönberg biegen wir mit dem Rotkreuz in den „Alten Weg" ein. Die restlichen zwei Kilometer durch das schattige Waldgelände sind bald geschafft. Sobald Lauf erreicht ist, erst die Autobahn-, anschließend die Eisenbahnunterführung hindurch, danach links zum Bahnhof links der Pegnitz.

Wenn noch Zeit ist, dürfte ein Bummel durch die herrliche Laufer Altstadt verlockend sein. Zum historischen Marktplatz sind es nur ein paar Minuten, und wer noch nicht eingekehrt ist, kann hier im „Alten Rathaus" den krönenden Abschluss der Wanderung erleben.

**Anfahrt:**
Mit der S 1 zur Haltestelle Röthenbach-Seespitze. Oder mit der S 1 bis Röthenbach-Bahnhof, anschließend mit der Buslinie 331 zum Haltepunkt Haimendorf-Ortsmitte.

**Rückfahrt:**
Mit der S 1 von Lauf links der Pegnitz oder mit der R 3 vom Bahnhof Lauf rechts der Pegnitz.

**Streckenlänge:**
Rund 11 Kilometer.

**Dauer:**
2 1/2 bis 3 Stunden.

**Empfehlenswerte Einkehrmöglichkeiten:**
Gasthof „Rotes Ross", Marktplatz 6, 91207 Schönberg/Lauf, Tel. 0 91 23/46 73. Öffnungszeiten: Dienstag, Mittwoch und Freitag 11.00-14.00 und ab 17.00. Donnerstag, Sonn- und Feiertag ab 10.00. Montag Ruhetag.

Restaurant „Altes Rathaus", Marktplatz 1, 91207 Lauf an der Pegnitz. Tel. 0 91 23/27 00, Fax 0 91 23/98 44. Warme Küche 11.00 - 14.00 und 17.00 - 22.00. Montag Ruhetag.

Burg Hilpoltstein

# Bayerns größter Wasserspeicher

Unsere heutige Wanderung hat den Rothsee zum Ziel. Wir starten am Allersberger Marktplatz, schauen uns aber, bevor wir zum See aufbrechen, das Zentrum des schönen historischen Städtchens ein wenig genauer an.

Gegenüber der Bushaltestelle steht die Pfarrkirche „Maria Himmmelfahrt" mit einem mächtigen Deckenfresko und kunstvollen Grabmälern von reichen Allersberger Persönlichkeiten. Am Ende des Marktplatzes gleich drei sehenswerte Gebäude: links das Rathaus, ursprünglich Amts- und Wohnsitz des Pflegers des Fürstentums Pfalz-Neuburg; daneben das Heckelhaus mit einem Türmchen, auf dem das Wahrzeichen der Allersberger Drahtzieher, die Madonna mit Kind im Stahlenkranz, zu erkennen ist; rechts davon das prächtige Gilardihaus, Anfang des 18. Jahrhunderts von Jacobi Gilardi erbaut, dem Eigentümer der ältesten deutschen Drahtwarenfabrik.

Nun aber zurück zu dem 1323 erbauten Torturm, ein Stück die Rother Straße entlang, dann links in die Hilpoltsteiner und gleich nach dem Sportgelände rechts in die Polsdorfer Straße einbiegen. An der Straßengabelung beginnen zwei Wege, die beide zum Rothsee führen. Wir nehmen die rechte Spur, den Wanderweg, der allerdings zeitweise durch den Lärm der nahen Autobahn etwas beeinträchtigt ist. Orientierung an der Markierung „Doppelturm".

Am Ende des kleinen Wäldchens scharf nach rechts abbiegen. Hier finden die zwei getrennten Spuren, der Rad- und der Wanderweg, wieder zusammen. Wir unterqueren die Autobahn, kreuzen die Straße nach Polsdorf und sind bald darauf an der Nordspitze des Rothsees.

Der See ist durch eine so genannte Vorsperre zweigeteilt. Der nördliche Teil, den wir jetzt erreicht haben, ist nur rund 300 Meter breit und 1,8 Kilometer lang, hat eine Wasserfläche von 50 Hektar und einen Stauraum von 1,5 Millionen Kubikmetern. Der Wasserspiegel bleibt, im Gegensatz zum südlichen Teil, immer konstant. Hier gibt es viele Bademöglichkeiten und Ruhezonen für Besucher.

Unser Weg geht zunächst am Seeufer entlang und führt uns in ein wahres Naturparadies. Welch angenehme Ruhe! Bald tauchen die ersten Häuser von Polsdorf auf. Wir kommen zu einem Naturschutzpavillon, an dem samstags und sonntags von 13 bis 17 Uhr Fachleute zu Umweltfragen Rede und Antwort stehen. Hier ist auch eine Kräuterschnecke zum Testen des Geruchsinns und ein kleiner Barfuß-Pfad, auf dem die Empfindlichkeit der Fußsohlen überprüft werden kann.

Es folgt bis zum Erholungszentrum Grashof ein land- und forstwirtschaftlicher Lehrpfad mit Versuchsflächen zum Anbau verschiedener Agrarprodukte wie Dinkel, Lein oder Tabak. Auf Tafeln werden Eigenart und Nutzen der wichtigsten heimischen Baumarten erklärt. Auch erfährt der Wanderer manches über die wirtschaftliche Lage der Bauern im Landkreis Roth

Bei Erreichen des Seerestaurants „Strandhaus" ist fast schon die Hälfte der Tagesroute geschafft. Die gemütliche Terrasse direkt am Seeufer verlockt vielleicht zu einer kurzen Verschnaufpause.

Dann ist es nur noch ein Katzensprung bis zu der 1988 fertig gestellten Vorsperre. Auf der anderen Uferseite ist der Ort Birkach erkennbar. Dort liegt auch der Überlauf zum südlichen Teil des Rothsees.

Wir bleiben auf der Ostseite des Sees. Die Strecke bis zum Seezentrum Heuberg führt durch ein größeres Waldgebiet, aufgelokkert durch moderne Kunstobjekte und eine Vielzahl von Hinweisschildern über die hier lebenden Süßwasserfische. Der Wander- und Radweg verläuft teilweise getrennt, trotzdem immer aufpassen und kleine Kinder an der Hand halten!

An der Nordseite des Rothsees

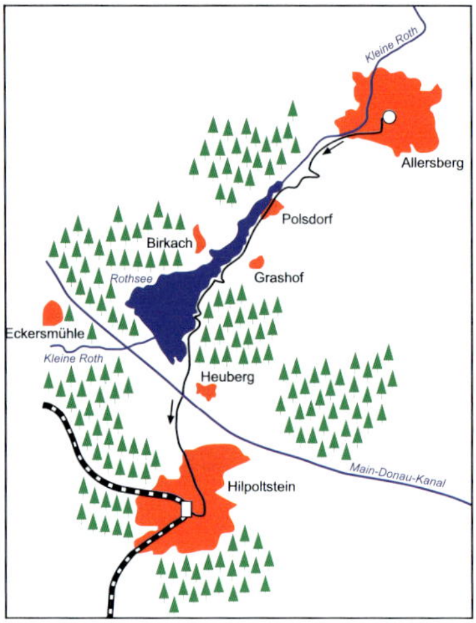


Der Südteil des Rothsees hat mit einer Länge von 1,8 und einer Breite von 1,5 Kilometern erhebliche Ausmaße und fasst 10 Millionen Kubikmeter. Gespeist von Donauwasser, das über den Main-Donau-Kanal mit Hilfe von Pumpwerken bis zur Schleuse Eckersmühlen transportiert wird und dort in einer Rohrleitung in den See fließt, können jährlich 125 Millionen Kubikmeter Wasser in das niederschlagsarme Regnitz.-Main-Gebiet umgeleitet werden. Der Wasserspiegel des Rothsees sinkt vorübergehend bis zu sieben Metern. Für Segler und Surfer bleibt dennoch stets ausreichend Wasserfläche zurück.

Wenn wir am Seezentrum Heuberg die Südspitze des Rothsees erreichen, wird deutlich, welch gewaltige Baumaßnahmen hier an der Hauptsperre stattgefunden haben. Der Damm ist 1,7 Kilometer lang und 18,4 Meter hoch. Kostenpunkt: 75 Millionen DM. Zusammen mit den Arbeiten am Altmühl- und Brombachsee entstand das größte wasserwirtschaftliche Bauvorhaben in der Geschichte Bayerns.

Im Restaurant „Rothsee" wird einkehren, wer bereits jetzt etwas für sein leibliches Wohl tun muss. Den großen Hunger sollte man sich vielleicht für das Ende der Wanderung aufheben.

Weiter dann Richtung Hilpoltstein. Am Kanal auf der linken Seite die Brücke überqueren, am Brückenende links den schmalen Pfad hinunter, unter der Brücke durch und dann links auf den Fuß- und Radweg einschwenken. Nach knapp zwei Kilometern ist die Stadtgrenze erreicht. Wir gehen weiter geradeaus, die Allersberger Straße entlang, und kommen über die Zwingerstraße ins Stadtzentrum.

Feinschmeckern und Liebhabern alter Wirtshäuser empfehlen wir den Brauereigasthof „Zum Schwarzen Ross" in der Marktstraße. Das Haus ist eines der ältesten Anwesen Hilpoltsteins und stammt aus dem 16. Jahrhundert - die Kellerräume sind sogar noch 200 Jahre älter.

Vor oder nach der verdienten Ruhepause sollte man sich unbedingt noch Zeit für einen Stadtbummel nehmen. Hilpoltstein hat nämlich sein mittelalterliches Stadtbild weitgehend erhalten. Überaus sehenswert sind u.a. das Rathaus, die Stadtpfarrkirche St. Johannis d.T., die Burg, der Hof- und Getreidekasten, die Residenz und eine Vielzahl herrlicher Bürgerhäuser. Die Herzöge Ludwig der Reiche und Georg der Reiche von Baiern-Landshut sowie Pfalzgraf Johann Friedrich waren hier emsige Bauherren, und das meiste ihrer großzügigen Stiftungen hat, im Gegensatz zu vielen anderen Städten in Mittelfranken, den 30-jährigen Krieg unversehrt überstanden.

Vom Rathaus zum Bahnhof sind es nur gut zehn Minuten. Die Marktstraße entlang, durch die alte Stadtmauer, den Doderleinsweg geradeaus weiter, anschließend rechts in den Altstadtring einbiegen, der zum Bahnhof führt.

**Anfahrt:**
Von der U-Bahn-Station Langwasser-Mitte mit der Buslinie 601 (vom 1. Mai bis 1. November auch mit dem Freizeitbus 609) zum Allersberger Marktplatz. Oder mit der R 6 bzw.mit der S 3 bis Roth, anschließend weiter mit der Buslinie 608 nach Allersberg.

**Rückfahrt:**
Von Hilpoltstein mit der R 63 bis Roth, von dort dann weiter mit der R 6 oder der S 3.

**Streckenlänge:** Rund 12 Kilometer.

**Dauer:** Reine Gehzeit 3 - 3 1/2 Stunden.

**Empfehlenswerte Einkehrmöglichkeiten:**
Restaurant „Rothsee", Am Rothsee 1, 91161 Hilpoltstein, Tel. 0 91 74/49 24 20, Fax 0 91 74/49 24 21. Geöffnet täglich ab 11.00, bei schönem Wetter ab 9.00.

Brauereigasthof „Zum Schwarzen Roß", Marktstraße 10, 91161 Hilpoltstein. Tel. 0 91 74/4 79 50, Fax 0 91 74/47 95 28. Durchgehend geöffnet. Mittwoch Ruhetag. www.hotel-schwarzes-ross.info, info@hotel-schwarzes-ross.info

# Im mittelfränkischen Weinanbaugebiet

Die steilen Südhänge unterhalb der Burg Hoheneck werden seit dem Mittelalter als Rebflächen genutzt. Der lehmige, gipskeuperhaltige Boden ist zwar schwer zu bearbeiten, doch gleichzeitig Garant für edle Tropfen. Die heutige Wanderung dürfte deshalb Weinliebhaber besonders ansprechen.

Vom Ipsheimer Bahnsteig gehen wir nach links, überqueren gleich danach die Bahngleise, wandern die Waldstraße geradeaus und schwenken in eine Rechtskurve ein. Wir befinden uns jetzt auf dem Aischtalradweg unterhalb der Burg Hoheneck mit guter Sicht auf die in Reih und Glied stehenden Weinstöcke. Etwa 32 Hektar groß ist die Anbaufläche. Die bevorzugten Rebsorten sind hier Müller-Thurgau, Silvaner, Kerner, Riesling und Bacchus.

Nach rund 30 Minuten, kurz vor dem Waldgürtel, zweigt der Weg nach rechts ab. Der Blick auf Burg Hoheneck und die Weinhänge ist nun besonders eindrucksvoll. Ringsum bewirtschaftete Felder, angebaut werden meist Getreide und Mais.

Dort, wo der Radweg vor nach rechts abzweigt, gehen wir geradeaus weiter und überqueren die Straße, die zur mittelfränkischen Bocksbeutelstraße gehört. Der geschotterte Feldweg führt uns am Rande von Mailheim vorbei. Wir biegen kurz darauf nach links in

Blick auf Burg Hoheneck

die Straße nach Weimersheim ein und erreichen einen der kleinsten Weinorte Mittelfrankens in 15 Minuten. Kurz vor Weimersheim geht es dann mit der Markierung Blaustrich weiter Richtung Lenkersheim.

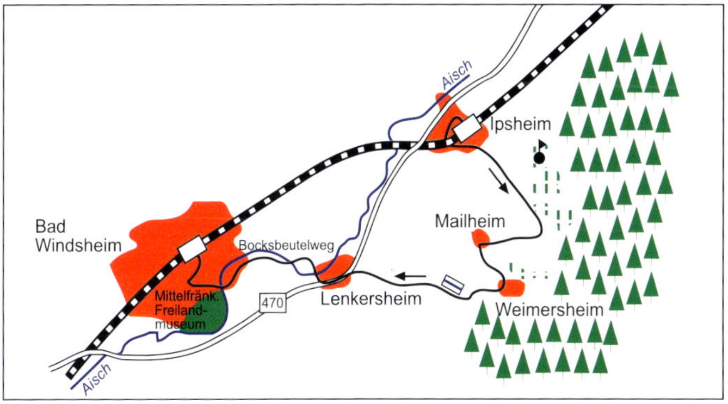


Zuvor lohnt sich ein kurzer Abstecher in die Mitte von Weimersheim. Die Lage des winzigen Weilers am Fuße des Roter Bergs ist äußerst attraktiv. Sehenswert die schönen alten, mit Weinlaub umrankten Fachwerkhäuser. Da wir bereits knapp die Hälfte der Tagestour hinter uns gebracht haben, könnte eine Verschnaufpause in der „Winzerstube" willkommen sein, zumal hier der exzellente Wein des Roter Bergs ausgeschenkt wird.

Weiter dann mit dem Blaustrich. Burg Hoheneck ist immer noch deutlich zu sehen. Vor uns liegt die Windsheimer Bucht, eine lang gestreckte, von welligen Hügelketten umschlossene Tiefebene, die landwirtschaftlich intensiv genutzt wird.

Schon bald ist die Kirchturmspitze von Lenkersheim zu sehen. Bei Erreichen der Ortschaft gehen wir die Hauptstraße geradeaus und biegen, geführt vom Blaustrich, vor der Linkskurve nach rechts ab in die Siedlungsstraße. Lenkersheim hat eine Vielzahl schöner Fachwerkhäuser mit liebevoll angelegten Vorgärten und Innenhöfen. Deshalb sollte man ab und zu stehen bleiben, vielleicht die eine oder andere Nebenstraßen anschauen und den Charme dieses den meisten bisher wohl unbekannten Dorfes aufnehmen!

Von der Siedlungsstraße in den Külsheimer Weg einbiegen, dann weiter über die Aischbrücke und anschließend links halten. Wir sind jetzt auf dem Bocksbeutelweg, der in etwa parallel zur mittelfränkischen Bocksbeutelstraße verläuft, die, von Burg Hoheneck kommend, über Bad Windsheim nach Uffenheim und Markt Bibart führt.

Wir orientieren uns weiter am Blaustrich, bleiben in Tuchfühlung mit der Aisch, gehen links über eine kleine Holzbrücke, halten uns dann gleich wieder rechts und erreichen so den Stadtrand von Bad Windsheim. Mit dem Blaustrich über die Aischbrücke, anschließend die Nürnberger Straße entlang, vorbei am Reichsstadtmuseum im Ochsenhof bis zur Seekapelle, und schon ist die Altstadt von Bad Windsheim erreicht.

Die Stadt blickt auf eine imposante Geschichte zurück. 1295 machte König Adolf von Nassau Windsheim zur Freien Reichsstadt. Die günstige Lage im Schnittpunkt wichtiger Handelswege führte im 14. und 15. Jahrhundert zu großer wirtschaftlicher Blüte. Windsheim wurde zu einer der reichsten Städte in Süddeutschland Deshalb sollte man sich vor der Rückfahrt Zeit nehmen und ein wenig durch die Straßen und Gässchen der Innenstadt bummeln und abschließend in einem der gemütlichen Wirtshäuser einkehren.

Der Weg zum Zug ist leicht zu finden. Vom Rathaus am Marktplatz die Pastoriusstraße hinunter gehen, in gut fünf Minuten ist der Bahnhof erreicht. Vielleicht ergibt sich nach Besuch des bezaubernden Städtchens der Wunsch, später einmal das Fränkische Freilandmuseum zu besichtigen, eines der schönsten und originell-

Schmuckes Haus in Lenkersheim

sten Einrichtungen seiner Art in Deutschland. Für eine „Zeitreise durch 700 Jahre Alltagsleben in Franken", wie der Museumsprospekt verspricht, sind allerdings mindestens 1 1/2 bis 2 Stunden nötig.

**Anfahrt:**
Mit der R 1 nach Neustadt/Aisch, anschließend mit der R 81 bis Ipsheim.
**Rückfahrt:**
Mit der R 81 von Bad Windheim nach Neustadt/Aisch, dann weiter mit der R 1.
**Wegstrecke:**
Rund 12 Kilometer.
**Dauer:**
Etwa 2 1/2 - 3 Stunden.
**Empfehlenswerte Einkehrmöglichkeiten:**
Landgasthaus „Winzerstube", Weimersheim 17, 91472 Ipsheim, Tel. 0 98 46/5 61, Fax 0 98 46/97 87 39. Warme Küche 11.30-13.45 und 17.00-21.30. Dienstag Ruhetag.
Altfränkische Weinstube „Zu den 3 Kronen", Schlüsselmarkt 7, 91438 Bad Windsheim. Öffnungszeiten: 10.00-14.00 und 17.00-23.00. Sonntags nur bis 22.00. Ruhetag Dienstag. Mittwoch erst ab 17.00 geöffnet. Tel. 0 98 41/6 48 22, Fax 0 98 41/6 48 23.
Restaurant-Hotel „Zum Storchen", Weinmarkt 6, 91438 Bad Windsheim. Warme Küche 11.30-14.00 und 17.30-21.00. Montag Ruhetag bis 17.00. Tel. 0 98 41/66 98 90, Fax 0 98 41/6 69 89 30. www.zumstorchen.de, hotel.storchen@t-online.de
**Fränkisches Freilandmuseum:**
Eisweiherweg 1, 91438 Bad Windsheim, Tel. 0 98 41/6 68 00 und 0 98 41/66 80 40, Fax 0 98 41/66 80 99. Öffnungszeiten: Mitte März bis Anfang Oktober 9.00-18.00, Oktober bis Dezember 10.00-16.00. Von Januar bis Mitte März geschlossen. Bis auf die Monate Juni-August Montag Ruhetag. Info@freilandmuseum.de, www.freilandmuseum.de

# Das Reich der 1000 Weiher

Bereits im frühen Mittelalter wurden Karpfenteiche angelegt. Da sich in ihnen Oberflächenwasser sammelt, sind sie wertvolle Wasserspeicher, die für ein günstiges Kleinklima sorgen. Hunderte von Karpfenteichen gibt es im Aischgrund. In dieser außergewöhnlichen Landschaft den Weiherwanderweg kennen zu lernen, ist ein Erlebnis besonderer Art.

Wir starten an der Uehlfelder Kirche, gehen von da durch das 1787 errichtete Torhaus und biegen anschließend nach rechts in die Mühlenstraße Richtung Voggendorf ein. Die Markierung bis kurz vor Dachsbach ist fortan das www-Zeichen „Fisch im Wasser". Schon nach 500 Metern, nach Überquerung der Aischbrücke, ist Voggendorf erreicht, ein schmuckes kleines Bauerndorf. Am Ortsende linker Hand, auf schattiger Anhöhe, der einladende Biergarten Kellerberg.

Weiher bei Gottesgab

Unser nächstes Ziel ist der Weiler Gottesgab. Die zwei Kilometer bis dort kommen wir auf kaum befahrener Landstraße gut voran. Auf beiden Seiten üppige Wiesen, wogende Getreidefelder und eine Vielzahl von Weihern. Für die gesamte Strecke bis Dachsbach gilt, dass hier etliche der schönsten Karpfenteiche des Aischgrunds zu sehen sind.

Dem Auge des Betrachters bieten sich zauberhafte Landschaftsbilder. Die Weiher gleichen riesigen Spiegeln, die das Sonnenlicht reflektieren. Vereinzelt quaken Frösche und schnattern Wildenten, schwebt ein Kormoran auf der Suche nach Beute durch die Lüfte. Ab und zu springt ein Karpfen nach oben und verschwindet wieder klatschend im Wasser. Es lohnt sich, am Rande eines Teiches Rast zu machen und dem Treiben der Tiere zuzusehen.

Blick von Rohensaas auf die Weiher-Landschaft

In Gottesgab zweigt der Weg nach rechts ab, 30 Minuten später sind wir in Rohensaas. Der Ort liegt auf einer kleinen Anhöhe, und von hier ist der Blick auf das Panorama des Aischgrunds besonders eindrucksvoll. Weiher reiht sich an Weiher, die Teiche bilden ein glitzerndes Band.

Mitten in Rohensaas biegen wir nach rechts ab, gleich danach zwei Mal nach links und einmal nach rechts. Wir durchschreiten einen schmalen Waldstreifen und kommen nach Peppenhöchstädt. Im Zentrum des Dorfes das leider nicht mehr bewirtschaftete Gasthaus „Zwanziger". Dann links halten, ein paar hundert Meter später nach rechts einschwenken. Das Fischzeichen kann an dieser Stelle leicht übersehen werden, also Vorsicht!. Die Zahl der Weiher wird jetzt spärlicher, der Blick auf die wellige Hügellandschaft mit vereinzelten Baumgruppen und kleinen Wäldern ist jedoch immer noch herrlich.

Nach 30 Minuten ist Göttelbrunn erreicht. Kurz vor dem Ort rechts halten und dem Fischzeichen auf kurvenreicher Strecke folgen, bis eine Landstraße kreuzt. Jetzt nicht weiter geradeaus Richtung Linden gehen, sondern mit dem Spechtzeichen rechts nach Dachsbach. Der überaus anmutige, mit Blumen reicht geschmückte Ort ist in rund 20 Minuten geschafft.

Nach dem gut dreistündigen Fußmarsch und der Bewältigung von ca. 13 Kilometern steht einer Einkehr im Landgasthof „Zum Brandenburger Adler" mit Sicherheit nichts mehr im Weg, zumal es sich hier um ein Lokal handelt, in dem nicht nur wie üblich von

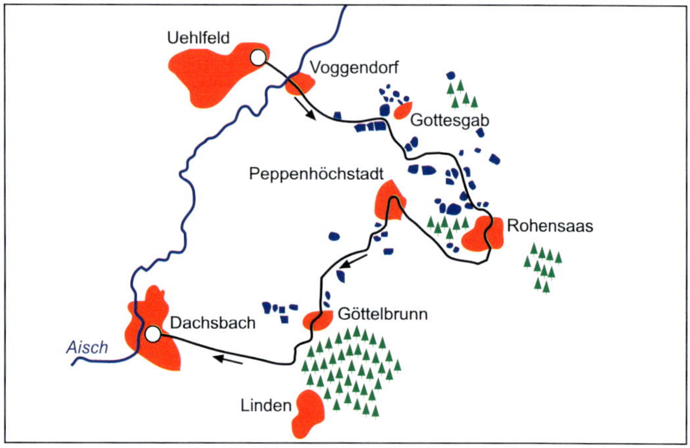


September bis April köstliche Karpfengerichte serviert werden, sondern auch noch bis in den Mai und Juni leckere Karpfenfilets. Weltweit ist der Karpfen der beliebteste Süßwasserfisch, vor allem wegen seines geringen Fettgehalts und der Omega-3-Fettsäuren, die Herz- und Kreislauferkrankungen vorbeugen. Deshalb: Guten Appetit!

**Hinfahrt:**
Mit der R 1 bis Neustadt/Aisch, anschließend mit Bus 127 zur Uehlfelder Kirche.
**Rückfahrt:**
Von Dachstadt mit Bus 127 zum Bahnhof Neustadt/Aisch, dann mit der R 1. An Wochenden ist der Busverkehr stark eingeschränkt.
**Streckenlänge:** Ca. 13 Kilometer.
**Dauer:** Gut 3 Stunden.
**Empfehlenswerte Einkehrmöglichkeit:**
Landgasthof „Zum Brandenburger Adler", Bamberger Straße 1, 91462 Dachsbach. Tel. 0 91 63/2 92, Fax 0 91 63/99 66 63. An Wochenenden und Feiertagen durchgehend geöffnet. Montag, Donnerstag und Freitag 14.30-17.30 geschlossen. Mittwoch erst ab 17.30 offen. Dienstag Ruhetag.

# Fast so groß wie der Tegernsee

Absberg von der Badeinsel aus

Zentrum des „Fränkischen Seenlandes" ist der Große Brombachsee, dessen Bau 16 Jahre, von 1983 bis 1999, gedauert und 205 Millionen DM gekostet hat. Mit einer Wasserfläche von 8,7 Quadratkilometern ist er fast so groß wie der Tegernsee. Gestaut werden hier 136,6 Millionen Kubikmeter Wasser.

Unsere Wanderung hat ihren Ausgangspunkt an der Bahnstation Ramsberg. Wir gehen den leicht ansteigenden Bahnberg hinauf und stoßen nach gut 10 Minuten auf die Ramsberger Freizeitanlage mit Yachthafen, Badestrand, Liegewiese, Biergarten, Sanitäreinrichtungen und Kinderspielplatz. Rechter Hand die Anlegestelle für den Schiffsverkehr. Von hier kann, wer sich knapp die Hälfte der relativ langen Wanderroute ersparen möchte, mit dem Trimaran, einem modernen 750 Personen fassenden Drei-Rumpf-Schiff, in 25 Minuten zur Anlagestelle Absberg fahren und dort nach einer wundervollen Schiffstour die Wanderung Richtung Langlau fortsetzen.

Die anderen biegen in den Fuß- und Wanderweg links vom Yachthafen ein. Die Strecke ist mit Gelbstrich und Spalt 5 markiert. Anfangs geht es direkt am Seeufer entlang, später durch ein dichtes Waldgebiet, was an heißen Sommertagen recht angenehm ist. Wir befinden uns jetzt in einem Naturschutzgebiet, das nicht betreten werden darf. An Wochenenden und während der Schulferien sind

Der große Brombachsee

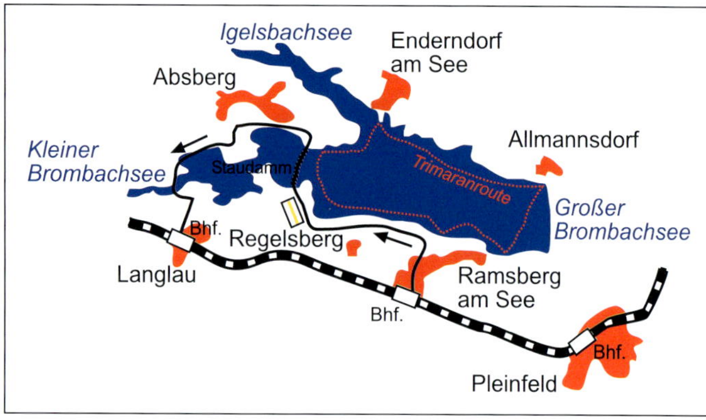


sehr viele Radler unterwegs, also stets aufpassen! An der Weggabelung rechts halten und der Markierung folgen.

Nach gut einer Stunde überqueren wir den Staudamm, der den Kleinen vom Großen Brombachsee trennt. Die Staumauer ist beidseitig mit Büschen und vielen Heckenrosen bepflanzt. Herrlich der Ausblick, rechts zum Großen, links zum Kleinen Brombachsee. Am Ende des Staudamms ist rechter Hand die Schiffsanlegestelle Absberg. Wir gehen mit dem Gelbstrich nach links und kommen gleich darauf zur „Seeklause", einem Selbstbedienungs-Restaurant mit Biergarten. Da nun bereits fast die Hälfte der Wegstrecke zurückgelegt ist, vielleicht ein willkommener Anlass zur Stärkung und Erfrischung.

Weiter dann am Kleinen Brombachsee entlang, der mit einer Wasserfläche von immerhin 250 Hektar und einem Stauraum von 13 Millionen Kubikmetern aufwartet. Auch hier wieder viele Radler! Wir gehen unmittelbar am Ufer entlang, der Blick auf Segelboote und Surfer ist frei. Rechter Hand, gut 50 Meter höher, liegt der Ort Absberg.

Dort, wo ein schmaler Fußweg zu einem kleinen Holzsteg führt, biegen wir links ab und sind auf der Badehalbinsel Absberg. Geradeaus gehen, am Wohnmobil-Übernachtungscamp vorbei und dann rechts weiter. Es folgen zwei Kioske und ein langer Badestrand, an dem es bei warmem Wetter von sonnenhungrigen Besuchern nur so wimmelt. Wir überqueren dann, ein kurzes Stück parallel zur Straße, den westlichen Zipfel des Kleinen Brombachsees, kurz darauf den Altmühlüberleiter, und gelangen auf dem Fuß- und Radweg an das Südufer des Sees und damit zum Strandhotel „Seehof". Spätestens jetzt dürfte ein kräftiger Imbiss fällig sein.

Zur Bahnstation Langlau ist es abschließend nicht mehr weit. Hinter dem „Seehof" nach rechts gehen und den Fußweg Richtung Langlau einschlagen. Das Ende der Ausflugs ist dann in rund 15 Minuten erreicht.

**Anfahrt:**
Mit der R 6 nach Pleinfeld, von dort mit der R 62 zur Bahnstation Ramsberg.
**Rückfahrt:**
Vom Haltepunkt Langlau mit der R 62 bis Pleinfeld, anschließend weiter mit der R 6.
**Streckenlänge:**
Rund 13 Kilometer.
**Dauer:**
2 1/2 - 3 Stunden.
**Empfehlenswerte Einkehrmöglichkeiten:**
Selbstbedienungsrestaurant „Seeklause" mit Biergarten, Seespitz 3, 91720 Absberg. Tel. 0 91 75/91 39, Fax 0 91 75/ 90 73 93. An schönen Tagen von Mai bis Oktober durchgehend geöffnet.
Strandhotel „Seehof", mit Selbstbedienung und Restaurantbetrieb. Seestraße 33, 91738 Langlau. Tel. 0 98 34/98 80, Fax 0 98 34/98 89 88. Ganzjährig und durchgehend geöffnet. www.strandhotel-seehof.de, info@strandhotel-seehof.de
**Schifffahrt auf dem Großen Brombachsee:**
In der Zeit von 4. April bis 24. Oktober mindestens 4, teilweise sogar bis zu 6 Fahrten täglich. Erlebnisschifffahrt Brombachsee, Am Anger 10, 91785 Pleinfeld-Ramsberg. Tel. 0 91 44/92 70 50, Fax 0 91 44/9 27 05 19, Schiffs-Tel. 01 72/59 25 130. www.erlebnisschiffahrt-brombachsee.de, info@erlebnisschiffahrt-brombachsee.de

Die Kirche in Beerbach

# Zu sehenswerten Schlössern und Kirchen

Die heutige gemütliche Wanderung beginnt am Schnaittacher Bahnhof. Hoch über Schnaittach die Festung Rothenberg, zu der wir kurz hinaufschauen, um dann mit dem Rotpunkt in die Bahnhofsstraße Richtung Westen aufzubrechen.

In Schnaittach gäbe es zwar eine Menge zu besichtigen, z.B. die altehrwürdige Pfarrkirche St. Kunigund, drei jüdische Friedhöfe, eine Synagoge und den historischen Marktplatz, doch ist dafür jetzt leider keine Zeit. Denn vor uns liegen immerhin rund 14 Kilometer, für die 3 1/2 bis 4 Stunden Fußmarsch zu veranschlagen sind.

Der Rotpunkt führt uns durch den südlichen Teil von Schnaittach, rechts vorbei am Dorfweiher, und nach etwa 15 Minuten unterqueren wir die Autobahn Nürnberg-Berlin und kommen kurz darauf zu ausgedehnten Sandgruben, die renaturiert worden sind oder auf denen noch gearbeitet wird. Unser anfangs breiter Weg wird schnell zum schmalen Fußpfad. Auf dem sandigen, leicht federnden Waldboden wachsen fast nur Kiefern und Fichten. Da die Bäume weit auseinander stehen, ist der Wald sonnendurchflutet und gibt den Blick frei auf ferne Hügel und eine blühende Flora..

Die sechs Kilometer bis Simonshofen sind in 1 1/4 Stunden geschafft. Vom einstigen Hopfendorf zeugen zahlreiche alte Sandsteinhäuser mit Hopfenböden. Im Ort dem Rotpunkt folgen und die Abbiegung rechts ins Gässl nicht übersehen. Die Dorfstraße bis zum Weiher vorgehen, anschließend links zum Sportplatz einschwenken und dann weiter Richtung Neunhof, vorbei an grünen Waldwiesen und sprießenden Feldern.

In Neunhof lohnt es sich, eine kleine Rast einzulegen, vielleicht im Gasthof Wiethaler am Welserplatz gegenüber der gleichnamigen Brauerei. Davor oder danach durch den Ort schlendern, denn hier gibt es allerhand zu sehen, nicht nur stattliche alte Sandsteinhäuser. Neunhof wird im Jahr 2009 auf eine 900-jährige Geschichte zurückblicken, war ursprünglich Teil eines Königsguts und seitens reicher Patrizier immer ein heiß begehrtes Objekt. Das prächtige Welserschloss im Ortszentrum wechselte von den Schlüsselbergern

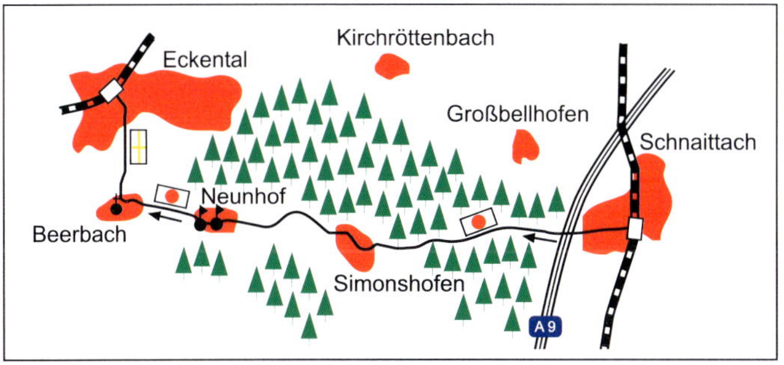


über Nürnberger Patrizierer zu den Welsern aus Augsburg und ist heute im Besitz des Welserschen Familienstifts. Der barocke Ausbau stammt aus dem Jahr 1722. Nicht ganz so pompös, aber ebenfalls sehenswert, das Kolerschloss mit einem Antiquitäten-Museum, in dem vorwiegend wertvolle bemalte und furnierte Möbel ausgestellt werden.

Auf der höchsten Erhebung Neunhofs und schon von weitem zu sehen ist die evangelisch-lutherische Johanniskirche aus der zweiten Hälfte des 15. Jahrhunderts. Es war ursprünglich eine Wehrkirche und von einem rechteckigen Mauergürtel umgeben, der teilweise noch erhalten ist. Die Innenausstattung des Kirchleins mit schöner Kanzel, Altar, Empore und Holztonnendecke ist beeindruckend.

Der Rotpunkt führt durch ganz Neunhof, und am westlichen Ortsende geht's weiter Richtung Beerbach, das in 15 Minuten erreicht ist. Vor der Beerbacher Kirche ein Bachbett, das uns einen kleinen

Das Welserschloss in Neunhof

Treppenaufstieg abverlangt. Rechter Hand ein Hinweisschild zur immer noch fließenden Nikolausquelle, der im Mittelalter heilende Kräfte zugeschrieben wurden. Das 1488 erbaute Beerbacher Gotteshaus, eine spätgotische Hallenkirche, ist aus der einstigen Nikolaus-Kapelle hervorgegangen und eines der schönsten Kirchenbauten weit und breit. Herrlich der um 1505 entstandene Hochaltar, anmutig auch das Tonnengewölbe und die Empore. Mit Pfarrhaus und Schule entstand hier ein imposantes Ensemble.

Unmittelbar hinter der Kirche eine Wandertafel, die uns zeigt, wie wir mit dem Gelbkreuz nach Eckental gelangen. Wir folgen zunächst dem Rotpunkt und biegen dann rechter Hand mit dem Gelbkreuz nach Eckental ab. Die rund zwei Kilometer bis zum Bahnhof sind in gut 30 Minuten zu schaffen, denn es geht meist leicht bergab. Wer vor der Rückfahrt noch einkehren möchte, findet im „Weißen Löwen" in der Ortsmitte einen Gasthof mit gehobener fränkischer Küche und internationalen Schmankerln.

**Anfahrt:**
Mit der R 31 zum Bahnhof Schnaittach.
**Rückfahrt:**
Von Eckental mit der R 21 zum Nürnberger Nordost-Bahnhof, hier Anschluss an die U 2.
**Wegstrecke:** Etwa 14 Kilometer.
**Dauer:** Reine Gehzeit 3 1/2 - 4 Stunden.
**Empfehlenswerte Einkehrmöglichkeiten:**
Brauerei-Gasthof Wiethaler, Welserplatz 6, 91207 Lauf-Neunhof. Tel. 0 91 26/54 60. Geöffnet 10.00 - 22.00, Dienstag 17.00 - 22.00. Montag Ruhetag.
Hotel & Landgasthof „Weißer Löwe", Herrengasse 5, 90542 Eckental. Tel. 0 91 26/29 13, Fax 0 91 26/2 47. Öffnungszeiten: Dienstag - Samstag 17.00 - 22.00, Sonntag 11.00 - 14.00 und 17.00 - 22.30. Montag Ruhetag. www.hotel-eschenau.de, info@hotel-eschenau.de
**Kolerschloss Neunhof:**
Geöffnet Mittwoch bis Freitag 15.00-19.00, Samstag 10.00-14.00.

# Das untere Pegnitztal

Eingang zum Christoph-Carl-Platz

Ist die Pegnitz im Oberlauf zunächst ein munteres Bächlein, so entwickelt sie sich, je näher Nürnberg rückt, zu einem ansehnlichen Fluss, der mit einer Breite von bis zu zehn Metern in unzähligen Windungen gemächlich dahinfließt. Große Mengen von Sand und Geröll mit sich schleppend, verfärbt sich das Pegnitzwasser jetzt zwar in ein unansehnliches Graubraun, doch tummeln sich hier bis Nürnberg zur Freude der Fischereivereine trotzdem noch vielerlei Fischarten. Auf unserer heutigen Tour werden wir jedenfalls eine der reizvollsten Flusslandschaften Bayerns kennen lernen.

Start an der Straßenbahnendhaltestelle der Linie 8. Auf der Erlenstegenstraße nach rechts gehen, weiter durch die Bahnunterführung und kurz darauf beim Schild Wasserwerk Erlenstegen nach rechts in den Olga-Pöhlmann-Weg einbiegen. Bis nach Lauf orientieren wir uns fortan am Gelbstrich.

Wir überqueren kurz danach auf einer Holzbrücke die Pegnitz und stoßen auf einen Naturlehrpfad, der an der Wöhrder Wiese beginnt und bis Hammer reicht. Eine Vielzahl von Info-Tafeln informiert über Fauna und Flora beiderseits der Strecke.

Alles ringsum ist grün. Große Wiesenflächen sind zu sehen, aufgelockert durch Buschwerk, Hecken und Baumgruppen. Die Pegnitz, an deren Mäandern wir immer wieder vorbeikommen, ist meist umsäumt von stattlichen Erlen und Weiden. Es lohnt sich, dann und wann stehen zu bleiben, bis an den Rand des Flusses zu gehen und dem kräuselndem Spiel des Wassers zuzuschauen.

Das breite Pegnitztal hat viele Gesichter. Da sind große Flächen mit Sandmagerrasen, auf denen nur Überlebenskünstler wie der Ameisenbär, der Ödlandschreck, die Silberdistel oder das Kleine Habichtskraut existieren können. Denn auf dem kargen Sandboden wird es tagsüber schnell extrem heiß und nachts sehr kalt.

In den dichten Baumbeständen fühlen sich Zaunkönig, Kleiber, Grünspecht und Waldkauz wohl. Andere Tiere bevorzugen Schilfzonen und Feuchtwiesen, auf den Mähwiesen weiden manchmal Schafe. Und es gibt hier auch Streuobstwiesen und uralte Eichen, den Eisvogel und die Ringelnatter. Es ist wie in einem schönen

Märchen mit einer sich überbietenden Natur, die zeigen will, was sie alles an großen und kleinen Wundern vermag.

Wir gehen unter Schatten spendenden Bäumen entlang, dann wieder auf offener Flur. Viele Jogger kommen uns entgegen oder überholen uns, auch Radler sind häufig unterwegs.

Wanderweg im Pegnitztal

Nach gut einer halben Stunde erreichen wir das ehemalige Wasserschloss Oberbürg. Die Ersterbauung war 1407, der Ausbau zum prächtigen Renaisssanceschloss 1628. Nach einem schweren Bombenangriff im zweiten Weltkrieg blieben vom Hauptgebäude nur Ruinen übrig. Zu sehen sind lediglich noch zwei Rundtürme, das Renaissancetor und die Scheune.

Am Ende des Lehrpfads, nördlich von Laufamholz, verdient das alte Fabrikgut Hammer besondere Aufmerksamkeit. Es ist ein Hammerwerk, in dem von Mitte des 17. Jahrhunderts bis 1943 Messing produziert wurde. Auf dem Christoph-Carl-Platz die Nachbildung eines sechs Meter hohen ägyptischen Obelisken, rund herum herrliche Sandstein- und Fachwerkhäuser, Herrensitze, Arbeiterhäuser und Werkstätten. Der historischen Hintergrund dieses schönen Ensembles kann auf einer Tafel nachgelesen werden.

Weiter geht es mit dem Gelbstrich Richtung A 3. Es wird kurzfristig sehr laut. Kurz vor der Autobahnunterführung das Gelände des Hundesportvereins. Der Verkehrslärm verebbt danach schnell. Wir erreichen den Norden von Schwaig und biegen nach den ersten Häusern links in die Schlossgrabenstraße ein, die uns zum ehemaligen Wasserschloss bringt. Gut vier Kilometer liegen bereits hinter uns, vor uns noch gut zehn für alle, die bis zum Ende der Wanderung durchhalten.

Jetzt über die kleine Brücke auf die andere Seite der Pegnitz. In einer knappen halben Stunde ist Behringersdorf geschafft. Ein Stück auf der Verbindungsstraße Behringersdorf-Schwaig, vorbei am

Tucherschloss, und wir sind, immer dem Gelbstrich folgend, im Ortskern. Wer die Wanderung hier abbrechen möchte, geht weiter geradeaus über die B 14 und ist dann gleich am Bahnhof. Eine günstige Einkehrmöglichkeit mit fränkisch-gutbürgerlicher Küche findet man im Gasthof „Weißes Ross" in der Schwaiger Straße.

Vor dem „Ross" zweigt der Wanderweg Richtung Lauf rechts in die Straße „Am Weinberg" ab. Wir durchgehen ein gepflegtes Villenviertel mit prächtigen Gärten. Wieder im Pegnitztal kommen wir an Pferdekoppeln vorbei und sehen, dass hier teilweise Ackerbau betrieben wird. Vor der ausladenden S-Kurve des Weges rechts halten. Der Gelbstrich fehlt, taucht aber etwas später wieder auf. Wir sind jetzt ganz nah an der Pegnitz, die Strecke ist nach Regenfällen oft glitschig, also aufpassen.

Ein schmaler Fußpfad führt uns anschließend über saftige Wiesen, und dann liegt das Pegnitztal breit und ausladend vor uns. In der Ferne ist rechts der spitze Turm der Röthenbacher Kirche zu sehen, links der Höhenrücken mit Dachsberg, Bug und Ludwigshöhe. In Rückersdorf angekommen kann die Wanderung ebenfalls beendet werden. Am Ortsrand einfach dem Hinweisschild Bahnhof folgen. Ein vorzügliches Wirtshaus ist der „Rote Ochse" in der Rückersdorfer Hauptstraße.

Bis Lauf sind es gut sechs Kilometer. Der Gelbstrich führt uns durch den südlichen Ortsrand zur Verbindungsstraße Rückersdorf-

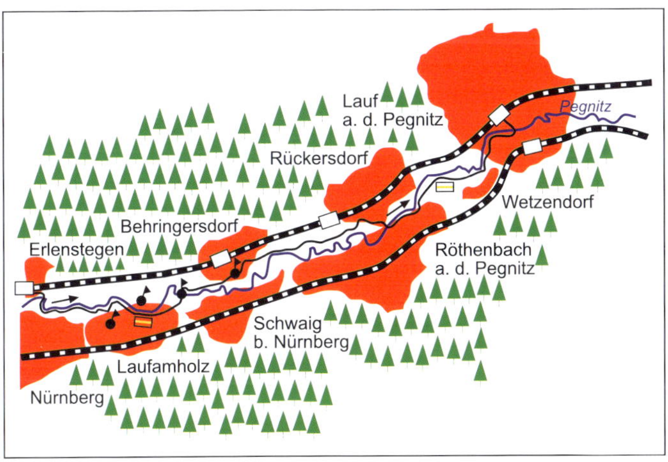

Röthenbach. Wir gehen ein Stück nach rechts und biegen hinter der Pegnitzbrücke links auf den schmalen Fußweg ein.

Gleich sind wir wieder neben der Pegnitz. In dem sich anschließenden Wäldchen geht es wildromantisch über Stock und Stein, ein bisschen auch auf und ab. Hier erneut Sandmagerrasen, dann Weiden und viele Felder. Wir kommen durch Wetzendorf und erreichen nach insgesamt 3 1/2 bis 4 Stunden schließlich den Stadtrand von Lauf. Der Gelbstrich bringt uns auf direktem Weg zum Bahnhof rechts der Pegnitz.

Vielleicht möchte der eine oder andere aber noch einen Bummel durch die schöne Laufer Altstadt unternehmen, u.a. zur Gaststätte „Altes Rathaus" am Marktplatz. Dazu kann Näheres in der Tour „Am Fuße des Moritzbergs" nachgelesen werden.

**Anfahrt:**
Mit der Straßenbahnlinie 8 oder der R 3 bis Erlenstegen.
**Rückfahrt:**
Mit der R 3 oder 31 von Lauf r.d.P. oder Rückersdorf nach Nürnberg, von Behringersdorf nur mit der R 3. Von Lauf l.d.P. auch mit der S-Bahn.
**Streckenlänge:** Etwa 15 Kilometer.
**Dauer:** Ohne Besichtigungen 3 1/2 bis 4 Stunden.
**Empfehlenswerte Einkehrmöglichkeiten:**
Gasthof „Weißes Ross", Schwaiger Straße 2, 90571 Behringersdorf. Durchgehend geöffnet 10.00 - 20.00, sonn- und feiertags nur bis 15.00. Montag Ruhetag. Tel. 09 11/5 06 98 80, Fax 09 11/50 69 88 70, WeissesRoss@t-online.de, www.weissesross.de
Restaurant „Roter Ochse", Hauptstr.57, 90607 Rückersdorf. Öffnungszeiten: 11.30 - 14.00 und 17.30-23.00. Dienstag und Sonntag Ruhetag. Tel. 09 11/5 75 57 50, Fax 09 11/5 75 57 51. Info@roter-ochse.de, www.roter-ochse.de
Restaurant „Altes Rathaus", Marktplatz 1, 91207 Lauf, Tel. 0 91 23/27 00, Fax 0 91 23/98 44, Warme Küche 11.00 - 14.00 und 17.00 - 22.00. Montag Ruhetag.

# Pilgern auf dem mittelfränkischen Jakobsweg

Zum Grab des Apostels Jakob in der nordspanischen Stadt Santiago de Compostela führen viele Wege. Einer davon ging schon immer von Krakau über Prag, Pilsen, Nürnberg und Rothenburg zu dem lange Zeit drittgrößten Wallfahrtsort der Christenheit. Seit 1995 ist der „Camino" Nürnberg-Rothenburg mit dem Kennzeichen weiße Muschel auf blauem Grund übersichtlich markiert. Einen Teil dieser 85 Kilometer langen Pilgerstrecke in Mittelfranken kennen zu lernen ist das Ziel der heutigen Wanderung.

Allerdings erwartet den Wanderer diesmal eine Tour mit einigen kurzen Anstiegen, vor allem zwischen Wendsdorf und Heilsbronn. Wer den damit verbundenen kleinen Strapazen entgehen möchte, kann von Wendsdorf mit der Buslinie 719 zum Heilsbronner Bahnhof fahren. Zwischen 14 und 18 Uhr gibt es drei Fahrten, freilich nur an Werktagen.

Dorfidylle Wendsdorf

Auch fehlt auf der ganzen Wanderstrecke eine wirklich empfehlenswerte Einkehrmöglichkeit. Darum sollte man ausreichend Getränke und Wegzehrung mitnehmen.

Start am Bahnhaltepunkt Wegbrücke in Roßtal. Von hier auf der Wegbrückenstraße Richtung Innenstadt gehen. Eventuell der St. Laurentius Kirche einen kurzen Besuch abstatten, anschließend über

Im Kettelbachtal

den Marktplatz zum Zinkenbuck und zur Petzleinstraße laufen. Ab sofort orientieren wir uns ausschließlich an der Jakobsmuschel.

Wir wandern nun auf der Petzleinstraße nach Osten und biegen am Ortsende in die Fernabrünster Straße ein. Vor uns eine weite Ebene. Hier wird Getreide, aber auch Tabak und Spargel angebaut. Hecken, Baumgruppen und dichtes Gebüsch geben der Landschaft Profil. Es ist wunderbar ruhig. Man kann ungestört den eigenen Gedanken nachgehen und die idyllische Stille genießen.

Nach zwei Kilometern stoßen wir auf ein längeres Waldstück, dann wieder freie Flur. Bald darauf der Ort Fernabrünst mit einigen sehenswerten Häusern und gepflegten Gärten. Wir folgen der Jakobsmuschel nach links, kommen auf die nach Clarsbach führende Straße und biegen gleich rechts in den Schlehenweg ein.

Das Landschaftsbild ist unverändert - eine überschaubare Hochebene mit viel Ackerbau. Kurz vor Wendsdorf ein paar kleine Hügel und Karpfenweiher. Im Dorf imposante Bauernhöfe, aber leider kein Gasthaus.

Zwischen Wendsdorf und Bürglein, dem nächsten Ort, ist nun ein Anstieg von 30 Metern zu bewältigen. Auf der Hochebene angekommen biegt der Weg in spitzem Winkel nach rechts ab, also aufpassen. Der Abstieg nach Bürglein ist nach Regenfällen recht glitschig, auch hier bitte vorsichtig sein.

Bürglein überrascht mit einer schönen Kirche und einigen stattlichen Gebäuden. Es gab hier mehrere Wirtshäuser, die gegenwärtig entweder nur gelegentlich oder gar nicht mehr in Betrieb sind. Deshalb muss man mit dem Einkehren leider bis Heilsbronn warten.

Am Ortsende von Bürglein führt uns die Jakobsmuschel rechts zum Kettelbach, einem Bächlein mit glasklarem Wasser. Wir kommen in ein anmutiges Tal, zu saftigen Wiesen und sanft geschwungenen Anhöhen. Auch hier wieder schöne Baumgruppen und einige Karpfenweiher. Der Wanderweg führt leicht bergan, später durch einen Waldgürtel. Danach die Verbindungsstraße Betzendorf-Bonnhof. Wir halten uns links und biegen nach 100 Metern rechts in ein Wäldchen ein. Erneut ein kleiner Aufstieg, und dann geht es in großem Bogen gemütlich weiter, wiederum auf einer Hochebene, rechts das Tal des Kettelbächleins, links der Lämmerberg.

Knapp zwei Kilometer vor Heilsbronn ist die Kirchturmspitze von Ketteldorf zu sehen, bald darauf die Umrisse der Jakobskirche in Heilsbronn. Wir erreichen die Stadtgrenze, überqueren die Bahngleise, biegen links in die Casper-Othmayr-Straße ein und laufen bis zur Bahnhofstraße vor. Wer gleich heimfahren will, geht links zum Bahnhof, wer die Stadt kennenlernen möchte, die Bahnhofstraße nach rechts ins Stadtzentrum. Am Postberg rechts halten, dann durch das alte Stadttor zum Marktplatz.

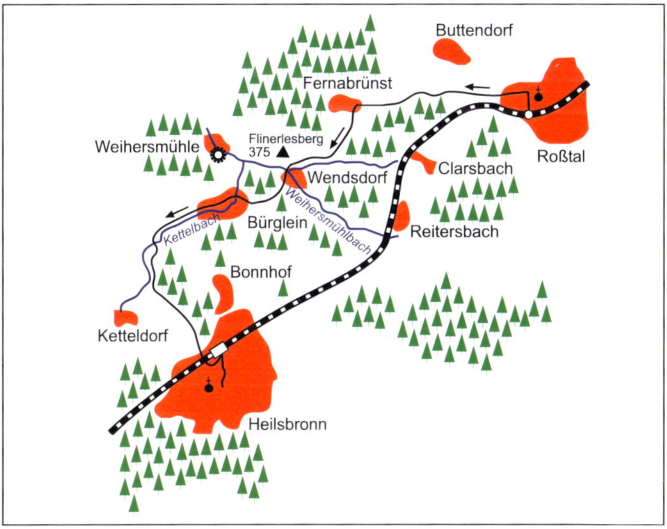

Jetzt haben wir endlich ausgiebig Gelegenheiten zum Einkehren, z.B. im „Löwen" oder im „Klosterhof". Auch das „Cafè am Jakobsweg" ist zu empfehlen, zumal es hier zwei Raritäten zu kaufen gibt. Einmal das nach alten Rezepten und in der historischen Form hergestellte Pilgerbrot. Zum andern die bereits 1408 urkundlich belegten „Libeti", eine Honiglebkuchenart, die in Heilsbronn gebacken wurde, noch bevor die Nürnberger damit anfingen.

Schade wäre es, wenn keine Zeit mehr zum Besuch des Münsters bliebe. Die St. Marien und St. Jakobus geweihte Kirche ist eines der wenigen in Süddeutschland erhaltenen romanischen Gotteshäuser und enthält eine Vielzahl großartiger spätmittelalterlicher Kunstwerke. Das Münster war über 300 Jahre lang Grabstätte der fränkischen Hohenzollern. Grabsteine, Totenschilde, Gedächtnistafeln und drei Hochgräber bezeugen die außerordentliche Geschichtsträchtigkeit des Ortes.

Der Weg vom Marktplatz zum Bahnhof über den Postberg und die Bahnhofstraße ist in knapp 15 Minuten zu schaffen.

**Anfahrt:**
Mit der R 7 bis Roßtal.
**Rückfahrt:**
Von Heilsbronn mit der R 7 Richtung Nürnberg.
**Streckenlänge:** Rund 16 Kilometer.
**Dauer:** Ohne Rundgang durch Heilsbronn ca. 4 Stunden
**Empfehlenswerte Einkehrmöglichkeiten:**
Gasthof „Zum Löwen", Marktplatz 6-8, 97560 Heilsbronn. Tel. 0 98 72/12 31, Fax 0 98 72/10 30. Geöffnet 9.00 - 14.00 und 17.00 - 23.00. Samstag Ruhetag.
Restaurant „Klosterhof", Marktplatz 17, 91560 Heilbronn. Geöffnet 11.00-14.30 und 17.30-22.00, sonntags durchgehend. Montag Ruhetag. Tel. 9 98 72/12 26, Fax 0 98 72/9 30 92. www.restaurant-klosterhof.de, info@restaurant-klosterhof.de
„Cafè am Jakobsweg", Marktplatz 3, 91560 Heilsbronn, Tel. 0 98 72/29 68. Öffnungszeiten: Montag bis Freitag 6.30-18.00, Samstag 6.30-17.00, Sonntag 8.00-18.00.